LE PETIT MANUEL DES
GÂTEAUX DE VOYAGE

美しい焼き菓子の教科書

レシピ＆解説：メラニー・デュピュイ
写真：ピエール・ジャヴェル
絵：ヤニス・ヴァルツィコス
技術説明：アンヌ・カゾール
スタイリング：オラタイ・スクシサヴァン
翻訳：三本松里佳

SOMMAIRE

目次

本書の使い方

第 1 章
焼き菓子の基本

焼き菓子作りの基本となるレシピ（生地、デコレーション、グラサージュ）をまとめました。それぞれの材料や下準備の方法などを、写真とイラストを添えて解説します。

第 2 章
焼き菓子のレシピ

焼き菓子のレシピを紹介します。それぞれのお菓子がどのように構成されているかをイラストで示し、作り方の手順を写真を添えて解説します。関連する基本テクニックのページ数も記載しています。

第 3 章
用語解説

焼き菓子作りに役立つマニュアルです。材料と道具の扱い方、基本テクニックなどを、写真とイラストを添えて解説します。

焼き菓子や生地の構造と特徴、
上手に仕上げるポイントなどを
イラストと文章で解説していま
す。製作時間はあくまで目安で
す。必要な道具には、泡立て器
やボウル等の基本的な道具は
明記しておりませんのでご注意
ください。

材料を写真と材料表で紹介し
ています。なお、写真と材料表
の分量が異なる場合がありま
すが、材料表の分量を参考に
してください。

上部に製作工程の写真、下部
で手順を解説しています。

仕上がりイメージです。

お菓子を作りはじめる前に

・材料表のバターは「食塩不使用バター」を使用します。

・材料表の生クリームは、乳脂肪分35〜38%のものを使用します。

・材料表の塩は特に記載がない場合、精製塩を使用します。

・材料表のチョコレートは製菓用（クーベルチュール）を使用します。なお本書では、ブラックチョコレートはカカオ含有量55%以
　上のものを、ミルクチョコレートはカカオ含有量35〜41%のものを、ホワイトチョコレートはカカオ含有量34%以上のものを
　使用しています。

・粉類（アーモンドパウダー、ココアパウダー、粉糖も含む）は使う前にふるいます。

・打ち粉、型、天板等に塗るバターや粉類は特に記載がない場合すべて分量外です。

・生地を伸ばす時の打ち粉は、均等に散りやすい強力粉を使用します。

・シャンティイを作る、クレーム・パティシエールを冷やす、板ゼラチンを戻す（水温が高い場合）といった作業には氷が必要に
　なるので、氷を用意しておくと便利です。

・表示のオーブンの温度や焼成時間はあくまでも目安です。オーブンの機種や特性に応じて適宜調節してください。
　家庭用オーブンの場合、焼成温度より20〜30℃高めの設定で予熱を十分に行ってください。

・作業する室温は15〜20℃を想定しています。常温にする場合はこの温度まで冷まし（温め）ます。

・本書に掲載されている材料や道具の中には、日本では入手しにくいものもありますので、一部代用品を記載しています。
　日本国内でも、インターネット上ではぼすべてのものを入手することができます。

・本書は『美しいフランス菓子の教科書』『美しいタルトの教科書』『美しいチョコレート菓子の教科書』『美しいシュー菓子の教
　科書』（小社刊）の原書の内容を一部再録しているページがありますが、焼き菓子の専門書としてより詳しい翻訳に改訂しています。

CHAPITRE 1

LES BASES

第 1 章
焼き菓子の基本

PÂTE SUCRÉE
BRISÉE

パート・ブリゼ・シュクレ（練り込み生地）

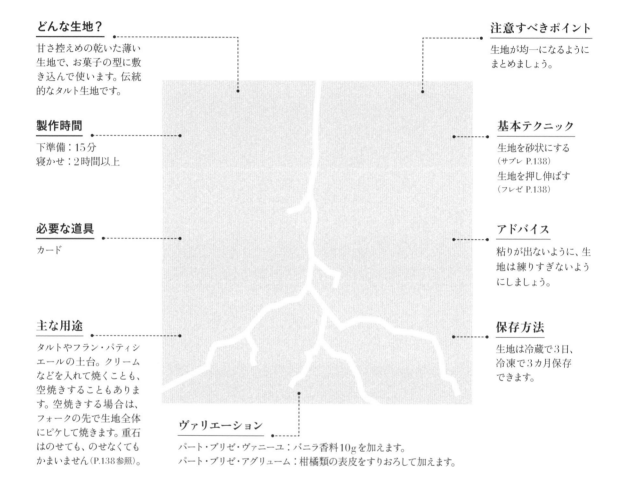

どんな生地？

甘さ控えめの乾いた薄い生地で、お菓子の型に敷き込んで使います。伝統的なタルト生地です。

製作時間

下準備：15分
寝かせ：2時間以上

必要な道具

カード

主な用途

タルトやフラン・パティシエールの土台。クリームなどを入れて焼くことも、空焼きすることもあります。空焼きする場合は、フォークの先で生地全体にピケして焼きます。重石はのせても、のせなくてもかまいません（P.138参照）。

ヴァリエーション

パート・ブリゼ・ヴァニーユ：バニラ香料10gを加えます。
パート・ブリゼ・アグリューム：柑橘類の表皮をすりおろして加えます。

注意すべきポイント

生地が均一になるようにまとめましょう。

基本テクニック

生地を砂状にする
（サブレ P.138）
生地を押し伸ばす
（フレゼ P.138）

アドバイス

粘りが出ないように、生地は練りすぎないようにしましょう。

保存方法

生地は冷蔵で3日、冷凍で3カ月保存できます。

絶妙な食感の生地になるのはなぜ？

生地を手のひらで押し伸ばすことで、薄力粉の粒子が油脂に覆われます。薄力粉の粒子が互いにくっつかないため、焼成後にしっかりと固まった層にならないという特徴があります。また焼成中には、薄力粉に含まれるデンプンの粒子が膨らみ、バターが溶けて全ての粒子を結合させます。バターがつなぎとなることで、ほろほろとやさしく砕ける食感に仕上がります。

美しく仕上げるコツ

生地にダマが残っている場合は、ためらわずに数回、手のひらで台に押し伸ばしてなめらかにしましょう。バターの塊が残っていると、焼成時に溶けて、生地に穴が開いてしまいます。
生地を十分に寝かせる時間がない場合は、10分間冷凍庫に入れてから伸ばし、ナイフで切り分けて、型に敷き込みます。すぐに冷凍庫に戻し、30分冷やしてから焼きましょう。

材料（直径24cmのタルト1台分、または直径8cmのミニタルト8個分）

バター：100g
薄力粉：200g
水：50g
塩：1g
グラニュー糖：25g
卵黄：15g（卵1個）

1　冷たいバターを1cm角くらいにカットして、薄力粉の上に置く。

2　カードを使って、バターを切るようにして粉と混ぜ合わせる。バターが小豆大になったら、指先ですり合わせて、さらさらの砂のような状態にする（P.138参照）。

3　2で土手を作り、中央に水、塩、グラニュー糖、卵黄を入れて、周囲の粉を崩しながら、指先で混ぜ合わせる。

4　生地が軽くまとまってきたら、手のひらで生地を2度押し伸ばす（P.138参照）。この時、生地が均一であること、バターの塊が残っていないことを確認する。

5　生地を平らにしてラップで包み、冷蔵庫で2時間以上、できれば一晩寝かせる。

PÂTE FEUILLETÉE
RAPIDE

パート・フイユテ・ラピッド（時短折り込みパイ生地）

どんな生地？

バターを混ぜたデトランプと呼ばれる生地に、さらに大量のバターをのせて、何度も伸ばして折る作業を繰り返した生地です。焼くとパリパリとした食感になります。

アドバイス

生地を作る作業は2日に分けて行うこともできます。
前日：デトランプを作って3つ折りを2回行う。
当日：3つ折りもしくは4つ折りを2〜3回行い、
　　　合計4〜5回折る。

製作時間

下準備：1時間30分
寝かせ：冷凍30分を3回、
または冷蔵1時間を3回

必要な道具

スタンドミキサー
（ボウル、平面ビーター）
麺棒

保存方法

3つ折りを2回した生地は、
ラップでしっかり包めば、
冷凍で3カ月保存できます。

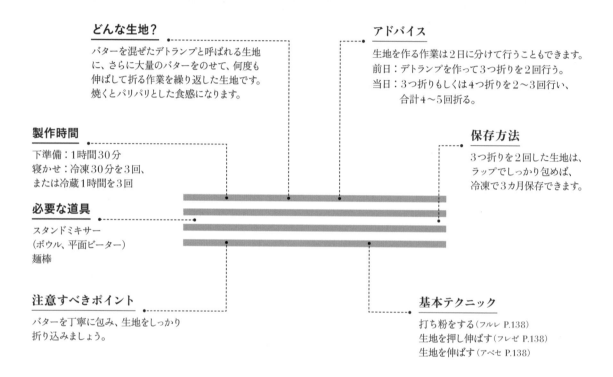

注意すべきポイント

バターを丁寧に包み、生地をしっかり折り込みましょう。

基本テクニック

打ち粉をする（フルレ P.138）
生地を押し伸ばす（フレゼ P.138）
生地を伸ばす（アベセ P.138）

デトランプを冷凍庫や冷蔵庫で寝かせるのはなぜ？

小麦粉に水を加えると、小麦粉のデンプン粒が膨らみます。このデンプン粒の間にバターが入り込むと、小麦粉のタンパク質がグルテン網を形成します。グルテン網が形成されると生地に弾力がついて固くなりますが、冷凍庫や冷蔵庫で寝かせることで柔らかくなり、扱いやすくなるのです。

材料（1.2kg分）

デトランプ用
薄力粉：250g
強力粉：250g
塩：10g
バター：200g
水：260g
酢（ホワイトビネガーまたはワインビネガー）：10g

折り込み用
バター：200g

1　デトランプを作る。平面ビーターを取り付けたスタンドミキサーのボウルに、薄力粉と強力粉、塩、小さくカットした冷たいバターを入れる。低速で全体が砂状になるまで混ぜる。水と酢を加え、全体が均一にまとまるまで混ぜる。生地を取り出し、必要に応じて打ち粉をした作業台の上で1〜2回生地を押し伸ばす（P.138参照）。ボール状にまとめてラップで包み、冷凍庫に30分入れる。

2　デトランプを取り出し、打ち粉をした台の上で（P.138参照）、麺棒で40×20cmほどの長方形に伸ばす。折り込み用のバターは、2枚のオーブンシートで挟み、麺棒で叩いて20×15cmほどの長方形に伸ばす。

3　デトランプの上に手前を揃えて折り込み用のバターをのせる。デトランプの奥から1/3を手前へ、バターの中心ほどまで折り曲げる。その上に、デトランプにバターがのった手前の部分を一緒に折り曲げて重ねる。これで3つ折りの1回目が終了。麺棒で生地の中心から外側に向かって軽く伸ばす。

4　2回目の3つ折りを行う。生地を時計回りに90度回転させる。手前の端から3cmのところに麺棒を置いて軽く押す。奥から3cmのところも同様にする。外側から中心に向かって、数センチごとに同じように麺棒で生地を押さえる。こうすることで、生地同士がなじんで伸ばしやすくなる。台に打ち粉をして、長さ60cmほどの帯状に生地を伸ばす。生地の奥から1/3を手前に折り曲げ、その上に手前の1/3を折り曲げる。ラップに包んで冷凍庫に30分入れる。

5　1回目の4つ折りを行う。4と同じようにして長さ80cmほどの帯状に伸ばす。手前から10cmを折り曲げ、麺棒で軽く押さえる。生地の奥から手前へ、先に10cm折り曲げた生地の端まで折り曲げる。端と端をきちんと揃えて、重なり合わないようにすること。麺棒で軽く押さえる。さらに奥から手前に半分に折り曲げる。中心から外側に向かって、麺棒で軽く生地を伸ばす。

6　生地を時計回りに90度回転させ、5と同じようにして2回目の4つ折りを行う。ラップに包んで冷凍庫に30分入れてから使用するか、冷蔵庫に保存する。

STREUSEL

シュトロイゼル (そぼろ生地)

どんな生地？

同分量のアーモンドパウダー、薄力粉、砂糖、バターを混ぜ合わせて作る、クランブルに似たそぼろ状の生地です。

注意すべきポイント

材料の混ぜ方

製作時間

下準備：15分
焼成：使用するお菓子のレシピにより異なる。このまま単品で焼く場合は20〜30分。
冷凍：30分

保存方法

容器に入れて冷凍で6カ月保存できます。

必要な道具

スタンドミキサー
（ボウル、平面ビーター）

ヴァリエーション

アーモンドパウダーの代わりに、同量のヘーゼルナッツパウダーもしくはクルミパウダーを使ってもよいでしょう。

アドバイス

材料を混ぜすぎると塊になってしまうので注意しましょう。もし塊になってしまったら、目の粗いこし器に入れて上から潰し、天板の上に散らすようにします。

シュトロイゼルを冷凍するのはなぜ？

できあがった生地は焼成前に冷凍することをおすすめします。バターが固まることで、焼成中にシュトロイゼルが溶け出すのを遅らせるので、見た目も良く、クランブルのようにカリカリした食感に焼き上がります。

材料（200g分）

アーモンドパウダー：50g
薄力粉：50g
粗糖（ベルジョワーズ）：50g
バター：50g

1 平面ビーターを取り付けたスタンド
ミキサーのボウルに、アーモンドパウダー、
薄力粉、粗糖、小さくカットした冷たいバ
ターを入れる。低速で全体が小さな球状
になるまで混ぜる。

2 ミキサーを止め、オーブンシートを敷
いた天板の上に中身を広げる。冷凍庫に
30分入れる。

3 作りたいお菓子のレシピに従って、材
料の上にのせて焼成する。
単品で焼く場合は、あらかじめ170℃に温
めておいたオーブンに入れて、時々パレッ
トナイフで混ぜながら、20〜30分焼く。

ÉCORCES
CONFITES

エコルス・コンフィット（果皮の砂糖漬け）

どんなデコレーション？

シロップで煮込んだオレンジ
果皮の砂糖漬けです。

製作時間

下準備：1時間
加熱：5時間

必要な道具

調理用温度計

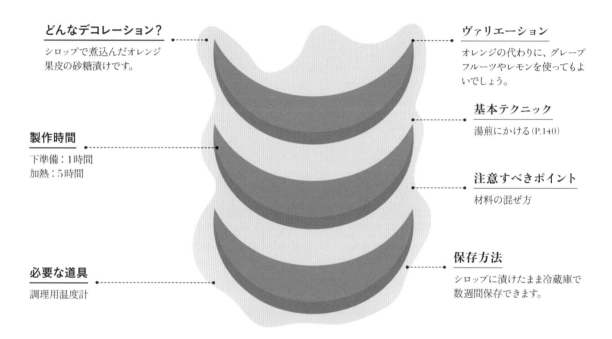

ヴァリエーション

オレンジの代わりに、グレープ
フルーツやレモンを使ってもよ
いでしょう。

基本テクニック

湯煎にかける（P.140）

注意すべきポイント

材料の混ぜ方

保存方法

シロップに漬けたまま冷蔵庫で
数週間保存できます。

果皮を煮るのはなぜ？

沸騰した湯であく抜きをすることで、熱に弱い芳香分子の組成が変化し、苦みが緩
和されます。さらに、この加熱処理で果皮が柔らかくなるので、砂糖漬けにした時に
シロップがより浸透しやすくなります。

果物を《砂糖漬け》にすると何が起こるの？

糖度の高いシロップに続けて浸しておくと、果皮の中の水分が抜けてそこにシロップ
が入り混むので、果皮全体が砂糖で満たされます。

アドバイス

果物は、適度に熟した、傷やカビのないも
のを選びましょう。嫌な臭いや味の原因に
なります。また、発酵リスクを抑えるために、
調理中は衛生管理を徹底してください。
具体的には：
• 手についている自然の細菌が発酵やカビ
の原因となることがあるので、素手で触ら
ないようにする。
• 調理器具はきれいに洗ってから使う。
• 毎回、使い捨ての手袋を使用する。
煮込んでいる間にシロップが濃くなり過ぎ
てしまった時には、結晶化しないように水
を少量追加しましょう。

材料（300～400g分）

オレンジ：2個
水：3リットル
塩：10g
グラニュー糖：1,250g
水あめ：150g

1　オレンジの両端をカットし、果肉を5
～10mmほど残して果皮を切り取る。

2　鍋に水2リットルと塩を入れて火にか
け、沸騰したら火を弱める。湯の温度が
80～85℃くらいに下がったら、1の果皮を
入れ、その温度を保ったまま2時間ほど
煮てあくを抜く。鍋の湯を捨て、ボウルに
移し、湯の代わりに冷たい水を入れた湯煎
鍋に浸して冷ます（P.140参照）。冷たい水
は何度も替えること。果皮をキッチンペー
パーに取り水気を切る。

3　鍋に水1リットルとグラニュー糖を入
れて火にかける。沸騰したら火を弱め、中
のシロップが軽く沸騰している状態になっ
たら2を入れる。その上から、鍋より少し
小さいふたをのせて、果皮をシロップに浸
した状態でコトコト煮込む。

4　煮込んで1時間たったら水あめを加
え、さらに2時間ほど煮込む。冷めたら、
シロップに浸したまま冷蔵庫に入れて保存
する。

CRÈME PÂTISSIÈRE
À L'AMANDE

クレーム・パティシエール・ア・ラマンド
（アーモンド・カスタードクリーム）

どんなクリーム？

牛乳、卵黄、砂糖と、コーンスターチなどの増粘剤（とろみ剤）をベースに、加熱して作るクリームです。バニラで風味をつけるのが定番です。

基本テクニック

ラップでふたをする（P.138）
卵黄を白っぽくなるまで泡立てる（P.139）

製作時間

下準備：20分
加熱：2〜5分
冷蔵：一晩

注意すべきポイント

クリームの加熱温度

必要な道具

鍋
泡立て器
バット

保存方法

ラップでふたをして冷蔵で3日保存できます。

応用

チョコレートクリーム：
アーモンドパウダーとバターの代わりに、カカオ66％のブラックチョコレート40gを使います。

ヴァリエーション

クレーム・ディプロマット
（カスタード・ホイップクリーム）：
ベースのカスタードクリームが温かいうちにゼラチン3gを加えて混ぜ、完全に冷ましてから泡立てた生クリーム50gと混ぜ合わせます。
クレーム・ムースリーヌ：
ベースのカスタードクリームが温かいうちにバター50gを加えて混ぜ、冷めたらポマード状にしたバター50gと混ぜ合わせます。

牛乳とバニラビーンズを沸騰させるのはなぜ？

バニラの芳香分子の抽出を早めるためです。牛乳にバニラビーンズを入れて沸騰させると、温度が上がることで香りが移るのが早くなります。

加熱するともったりした質感になるのはなぜ？

このレシピでは2つの材料がとろみをつける役割を果たしています。タンパク質の豊富な卵黄は、凝固してクリームを構成する組織を形成します。デンプンが豊富なコーンスターチは、デンプン粉が牛乳に含まれる水分を捕らえて膨らむことで粘りを出します。

材料 (約500g分)

バニラビーンズ：2本
牛乳：250g
卵黄：50g(卵3〜4個)
グラニュー糖：60g
コーンスターチ：25g
バター：25g
アーモンドパウダー：40g
ラム酒：20g

1　バニラビーンズのさやを縦2つに割って種をこそぎ取る。鍋に牛乳とバニラビーンズの種とさやを入れて火にかけ、沸騰させる。

2　1と同時進行で、卵黄にグラニュー糖を加えて白っぽくなるまで泡立てる(P.139参照)。さらに、コーンスターチを加えて混ぜる。

3　1の牛乳が沸騰したら、半量を2に加えて泡立て器で混ぜてのばす。それをまた鍋に戻し、鍋につかないようにしっかりとかく拌しながら、強火で加熱する。全体にとろみがついて沸騰してから、さらに45

秒ほど加熱する(牛乳1リットルにつき約3分とする)。この間、途中で火を止めてしまうと望む濃度が得られないので、決して加熱を止めないこと。

4　火を止めて、バター、アーモンドパウダー、ラム酒を加えて混ぜ合わせる。バットに移して平らにならし、ラップで表面にふたをする(P.138参照)。すぐに冷蔵庫に入れて、そのまま一晩冷やしておく。使用する前にバニラビーンズのさやを取り除き、しっかりかく拌してクリームをなめらかにする。

GANACHE
CRÉMEUSE

ガナッシュ・クレムーズ（クリーミー・ガナッシュ）

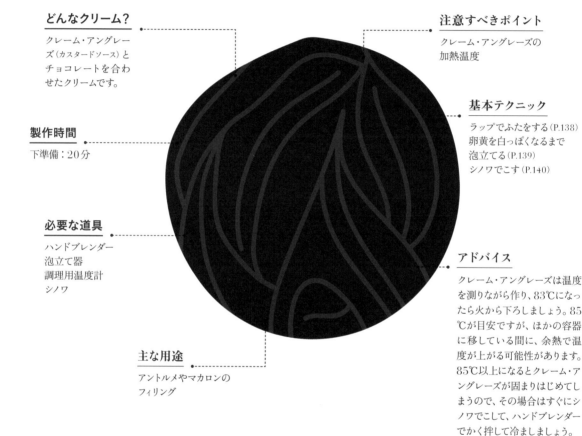

どんなクリーム？

クレーム・アングレーズ（カスタードソース）とチョコレートを合わせたクリームです。

製作時間

下準備：20分

必要な道具

ハンドブレンダー
泡立て器
調理用温度計
シノワ

主な用途

アントルメやマカロンのフィリング

注意すべきポイント

クレーム・アングレーズの加熱温度

基本テクニック

ラップでふたをする（P.138）
卵黄を白っぽくなるまで泡立てる（P.139）
シノワでこす（P.140）

アドバイス

クレーム・アングレーズは温度を測りながら作り、83℃になったら火から下ろしましょう。85℃が目安ですが、ほかの容器に移している間に、余熱で温度が上がる可能性があります。85℃以上になるとクレーム・アングレーズが固まりはじめてしまうので、その場合はすぐにシノワでこして、ハンドブレンダーでかく拌して冷ましましょう。

温度が高くなりすぎるとクリームが固まるのはなぜ？

クリームに卵のタンパク質が含まれているからです。温度が上がりすぎてタンパク質が凝固すると、ざらついた食感のクリームになってしまいます。

材料（450g分）

卵黄：50g（卵3〜4個）
グラニュー糖：50g
牛乳：250g
ブラックチョコレート（カカオ60％以上）：
150g

1 卵黄にグラニュー糖を加えて、白っぽ
くなるまで泡立てる（P.139参照）。

2 牛乳を鍋に入れて火にかける。沸騰し
たら火から下ろし、半量を1に注ぎ、泡立
て器で均一になるまでかき混ぜる。

3 2を鍋に戻して中火にかけ、ゴムべら
で混ぜながら加熱する。温度が83℃にな
り、ゴムべらを包み込むようなとろみがつ
いたら火から下ろす。

4 すぐにチョコレートを加えてよく混ぜ、
ハンドブレンダーでかく拌する。シノワでこ
して（P.140参照）、ラップで表面にふたをす
る（P.138参照）。冷めてから冷蔵庫に入れて、
使用する時まで保存しておく。

PRALINÉ
GIANDUJA

プラリネペースト／ジャンドゥーヤ

どんなペースト?

プラリネペーストは、同量のナッツと砂糖を合わせて柔らかいペースト状にしたものです。それにチョコレートを合わせたものがジャンドゥーヤです。

製作時間

下準備：30分
加熱：30〜45分
寝かせ：2時間

必要な道具

フードプロセッサーまたはミキサー
調理用温度計
ゴムべら

基本テクニック

ナッツをローストする (P.139)
湯煎にかける (P.140)

保存方法

密閉容器に入れて湿気の少ない冷暗所で数週間保存できます。

ヴァリエーション

プラリネは、ナッツを多め、砂糖を少なめにしてもよいでしょう (ナッツ70%で砂糖30%など)。

注意すべきポイント

ナッツのカラメリゼ
プラリネの粉砕

アドバイス

フードプロセッサーの処理能力に応じて、一度に粉砕するナッツの量を加減しましょう。もし機械が熱を帯びたら、スイッチを止めて数分待ってから再開します。

美しく仕上げるコツ

カラメリゼする時に砂糖を焦がさないよう、時々鍋を火から下ろしてかき混ぜましょう。

プラリネペースト

ジャンドゥーヤ

プラリネペースト（600g分）

生アーモンド：150g
生ヘーゼルナッツ：150g
グラニュー糖：300g
水：120g

1　オーブンを170℃に温めておく。オーブンシートを敷いた天板に生アーモンドと生ヘーゼルナッツを広げ、15〜20分ローストする（P.139参照）。グラニュー糖と水を鍋に入れ、強めの中火で沸騰させる。さらに110℃になるまで加熱する。

2　鍋を一度火から下ろして、1のナッツを加える。グラニュー糖が結晶化して白っぽくなるまでゴムべらでよく混ぜる。中火にかけ、結晶化したグラニュー糖とナッツが混ざってカラメル状になるまで、絶えずかき混ぜながら加熱する。オーブンシートを敷いた天板の上に広げ、室温に2時間おいて冷ます。

3　2を幾つかに割って少量ずつフードプロセッサーかミキサーにかけ、なめらかなペースト状にする。密閉容器で保存する。

ジャンドゥーヤ（450g分）

生ヘーゼルナッツ：70g
生クルミ：70g
ブラックチョコレート（カカオ60%）：120g
プラリネペースト：200g

1　ナッツ類をローストし（P.139参照）、冷ましてから細かく刻む。割ったチョコレートをボウルに入れ、湯煎にかけて溶かす（P.140参照）。

2　プラリネペーストをチョコレートに加えてゴムべらで混ぜ、さらに刻んだナッツを加えて混ぜ合わせる。

3　密閉容器で保存する。

GLAÇAGE
ROCHER

グラサージュ・ロシェ
（アーモンドダイス入りチョコレートの上がけ）

どんなグラサージュ？

ブラックチョコレート、ミルクチョコレート、植物油をベースに、アーモンドダイスを加えて作るグラサージュです。

ヴァリエーション

アーモンドダイスの代わりに他のナッツを使ってもよいでしょう。

製作時間

下準備：10分
加熱：20分
寝かせ：1時間30分〜
　　　　2時間

注意すべきポイント

使用する時の温度

必要な道具

ハンドブレンダー
調理用温度計
ゴムべら

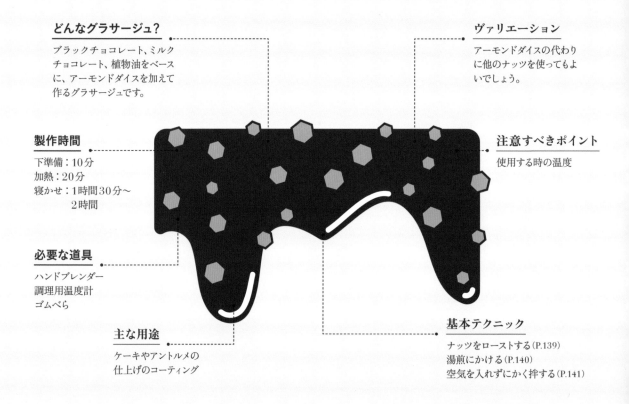

主な用途

ケーキやアントルメの仕上げのコーティング

基本テクニック

ナッツをローストする（P.139）
湯煎にかける（P.140）
空気を入れずにかく拌する（P.141）

美しく仕上げるコツ

金網の上にお菓子を置いて上からグラサージュをかける時、余分なグラサージュが金網に引っかかったら、ゴムべらを使って下に落としましょう。

保存方法

余ったグラサージュは容器に入れて常温で1カ月保存できます。使う時に湯煎にかけて溶かしましょう。

24

材料（300g分）

アーモンドダイス：80g
ミルクチョコレート：130g
ブラックチョコレート（カカオ66%以上）：
150g
グレープシードオイル：25g

1　オーブンシートを敷いた天板にアーモンドダイスを広げ、160℃のオーブンで20分ローストする（P.139参照）。

2　2種類のチョコレートを一緒にボウルに入れ、湯煎で溶かす（P.140参照）。

3　ボウルを湯煎から下ろし、グレープシードオイルを加え、なるべく空気を入れないようにしながらハンドブレンダーでかく拌する（P.141参照）。常温で1時間30分〜2時間ほど置いて、35〜40℃になるまで冷ます。

4　1のアーモンドダイスを加えてゴムべらで混ぜ、すぐに使う。

GLAÇAGE CHOCOLAT
AU LAIT

グラサージュ・ショコラ・オ・レ
（ミルクチョコレートの上がけ）

どんなグラサージュ？
ミルクチョコレートをベースにした、きめ細かいグラサージュです。

基本テクニック
湯煎にかける（P.140）
シノワでこす（P.140）
空気を入れずにかく拌する（P.141）

保存方法
密閉容器に入れて、冷蔵で1週間、冷凍で1カ月保存できます。

製作時間
下準備：15分
寝かせ：1時間30分〜
　　　　2時間

必要な道具
ハンドブレンダー
泡立て器
調理用温度計
シノワ

アドバイス
グラサージュは35〜40℃に冷ましてから使います。グラサージュがきちんと密着するよう、お菓子は必ずあらかじめ冷凍しておきましょう。グラサージュの温度が高いと、コーティングが薄くなりすぎてしまいます。もしそうなったら、お菓子を15分ほど冷凍庫に入れて、しっかり凍らせてから再度コーティングします。冷凍し直している間に、下に落ちたグラサージュを集めてボウルに戻しておきましょう。

主な用途
ビュッシュ、タルト、アントルメの仕上げのコーティング

美しく仕上げるコツ
ハンドブレンダーでかく拌する時は、なるべく空気を入れないようにします。ブレンダーのスイッチをオフにしたまま先端をグラサージュにそっと沈め、軽く動かして空気の泡を外に追い出します。スイッチを入れたらブレンダーを動かさず、そのまま30秒〜1分ほどかく拌します。

注意すべきポイント
ハンドブレンダーを使う時は空気を入れずにかく拌しましょう。

グラサージュがお菓子にぴったりと貼りつくのはなぜ？

冷凍したお菓子にグラサージュが触れると、グラサージュに含まれるココアバター（カカオ油脂）が結晶化します。それによって粘度が高くなり、完全に固まる前にお菓子の表面にぴったりと貼りつくのです。

材料（約550g分）

ミルクチョコレート：250g
ブラックチョコレート：90g
生クリーム：225g
トリモリン（転化糖）：40g

1　2種類のチョコレートを合わせて湯煎で溶かす（P.140参照）。

2　生クリームとトリモリンを火にかけて沸騰させ、泡立て器で混ぜる。

3　1のボウルを湯煎から下ろし、2を注いで泡立て器で混ぜる。なるべく空気を入れないようにしながらハンドブレンダーでかく拌する。シノワでこす。常温で1時間30分〜2時間ほど置いて、35〜40℃になるまで冷ます。

GLAÇAGE
BLANC

グラサージュ・ブラン
（ホワイトチョコレートの上がけ）

どんなグラサージュ？

ホワイトチョコレートをベースにした、白いグラサージュです。

主な用途

ピュッシュ、タルト、アントルメの仕上げのコーティング

基本テクニック

湯煎にかける（P.140）
ゼラチンを戻す（P.140）
シノワでこす（P.140）
空気を入れずにかく拌する
（P.141）

製作時間

下準備：15分
寝かせ：1時間30分〜
　　　　2時間

必要な道具

ハンドブレンダー
泡立て器
調理用温度計
シノワ

保存方法

密閉容器に入れて、冷蔵で1週間、冷凍で3週間保存できます。

ヴァリエーション

牛乳にバニラビーンズを加えてもよいでしょう。着色料を加えてカラフルなグラサージュを作ることもできます。

アドバイス

グラサージュは35〜40℃に冷ましてから使います。グラサージュがきちんと密着するよう、お菓子は必ずあらかじめ冷凍しておきましょう。グラサージュの温度が高いと、コーティングが薄くなりすぎてしまいます。もしそうなったら、お菓子を15分ほど冷凍庫に入れて、しっかり凍らせてから再度コーティングします。冷凍し直している間に、下に落ちたグラサージュを集めてボウルに戻しておきましょう。

材料（500g分）

板ゼラチン：6g
ホワイトチョコレート：300g
牛乳：120g
水：30g
水あめ：50g

1　板ゼラチンを冷水で戻す。ホワイトチョコレートを湯煎で溶かす。

2　牛乳、水、水あめを鍋に入れて加熱し、沸騰したら火から下ろす。水気を切ったゼラチンを加えて、泡立て器で混ぜる。

3　2をホワイトチョコレートのボウルに注ぎ、泡立て器で混ぜる。ボウルを湯煎鍋から下ろし、なるべく空気を入れないようにしながらハンドブレンダーでかく拌する。シノワでこす。ラップでふたをして、常温で1時間30分〜2時間ほど置いて、35〜40℃になるまで冷ます。

CHAPITRE 2

LES RECETTES

第 2 章
焼き菓子のレシピ

CAKE AU CHOCOLAT
& GIANDUJA

ケーク・オ・ショコラ・エ・ジャンドゥーヤ
（ジャンドゥーヤを上がけしたチョコレートパウンドケーキ）

アーモンドダイス

グラサージュ・
ジャンドゥーヤ
（ジャンドゥーヤの上がけ）

ケーク・オ・ショコラ
（チョコレート風味の
パウンドケーキ生地）

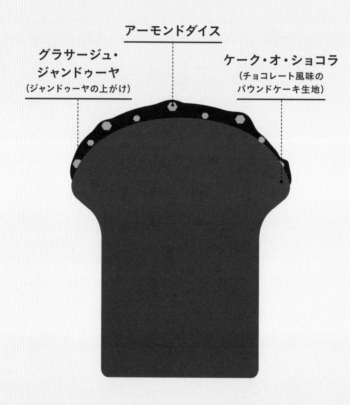

どんなお菓子？
チョコレート風味の生地を焼き、ジャン
ドゥーヤを上がけしたパウンドケーキです。

製作時間
下準備：2時間
焼成：40〜50分
冷蔵：一晩
寝かせ：2時間以上

必要な道具
30×8×8cmのパウンドケーキ型
スタンドミキサー
（ボウル、ワイヤーホイップ）
バット、調理用温度計

ヴァリエーション
グラサージュのアーモンドダイスは、代わ
りにピーナッツを使ってもよいでしょう。

基本テクニック
型にオーブンシートを貼る（P.138）
澄ましバターを作る（P.139）
湯煎にかける（P.140）
結晶化／調温（P.141）

注意すべきポイント
ジャンドゥーヤの調温

保存方法
容器に入れて冷蔵で1週間保存できます。

アドバイス
最初のグラサージュが薄すぎた時は、ケー
キを冷凍庫に5分間入れてから、再度グ
ラサージュを行いましょう。

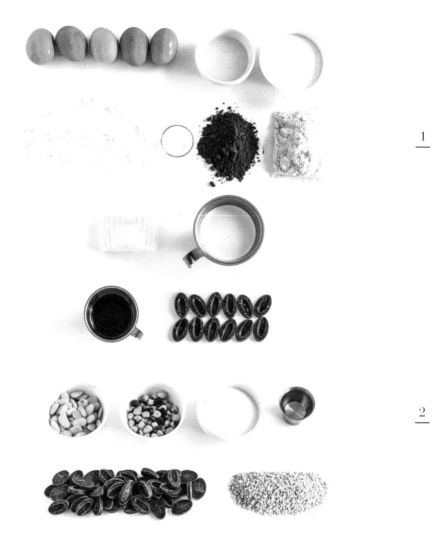

1

2

材料（12〜15人分）

1 ケーク・オ・ショコラ

バター：100g（澄ましバター75g分）
ブラックチョコレート（カカオ66%）：80g
全卵：250g（卵5個）
トリモリン（転化糖）：75g
グラニュー糖：125g
薄力粉：120g
ベーキングパウダー：8g
ココアパウダー：40g
アーモンドパウダー：75g
生クリーム：120g
ラム酒：50g

2 グラサージュ・ジャンドゥーヤ

プラリネペースト用
生アーモンド：75g
生ヘーゼルナッツ：75g
グラニュー糖：150g
水：50g

ジャンドゥーヤ用
ブラックチョコレート（カカオ60%）：260g
アーモンドダイス：80g

1　型にオーブンシートを貼る（P.138参照）。グラサージュ・ジャンドゥーヤを作る（P.22参照）。ただし、翌日使用する前に調温作業をするので、アーモンドダイスは加えないでおく。バター100gで澄ましバターを作る（P.139参照）。

2　オーブンを160℃に温めておく。チョコレートを湯煎にかけて溶かす（P.140参照）。

3　ワイヤーホイップを取り付けたスタンドミキサーのボウルに卵、トリモリン、グラニュー糖を入れ、均一になるまで低速で混ぜる。

4　薄力粉、ベーキングパウダー、ココアパウダーをふるい合わせ、アーモンドパウダーと一緒に3に加えて混ぜる。

5　澄ましバター75gと生クリームを4に加えて混ぜる。さらにラム酒を加え、最後に溶かしたチョコレートを加えて混ぜる。

6　5を型に流し、オーブンで40〜50分焼く。

7　焼き上がったらオーブンから取り出し、10分ほど待ってから型からはずして金網にのせる。完全に冷めたらラップで包み、冷蔵庫に一晩入れる。

8　グラサージュを行う。まず前日作ったジャンドゥーヤの調温を行う（P.141参照）。湯煎にかけて55℃で溶かしたら、一旦28〜29℃まで温度を下げ、再度31℃まで温度を上げる。全体の温度が均一になるように、この作業は時々混ぜながら行うこと。軽くローストしたアーモンドダイスを加えて混ぜる。できあがったジャンドゥーヤをバットに流し、その中にケーキを逆さにして入れ、上部にグラサージュをかける。元に戻し、ジャンドゥーヤが固まるまで室温に2時間以上おく。

CAKE MARBRÉ

ケーク・マルブレ（マーブルパウンドケーキ）

ケーク・オ・カカオ
（ココア風味の
パウンドケーキ生地）

ケーク・ア・ラ・ヴァニーユ
（バニラ風味の
パウンドケーキ生地）

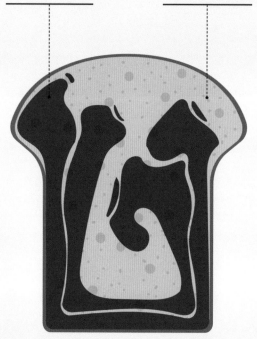

どんなお菓子？

ココア風味とバニラ風味の2種の生地を
マーブル状に合わせて焼いたパウンドケー
キです。

製作時間

下準備：30分
焼成：1時間

必要な道具

30×8×8cmのパウンドケーキ型
スタンドミキサー
（ボウル、平面ビーター）
絞り袋2枚
ペティナイフ

基本テクニック

型にオーブンシートを貼る（P.138）
バターをポマード状にする（P.139）
生地を絞る（ポッシェ P.140）
絞り袋に生地を詰める（P.140）

注意すべきポイント

焼成方法

保存方法

ラップを巻いて冷蔵で1週間保存できます。

アドバイス

オーブンに入れてから10〜15分後に一旦
取り出し、少量の油をつけたナイフの先で
ケーキの中心に縦に切り込みを入れると、
きれいな割れ目ができます。

材料（10〜12人分）

バター：250g
塩：2g
粉糖：435g
薄力粉：435 g
ベーキングパウダー：10g
全卵：325g（卵6〜7個）
牛乳：110g
バニラビーンズ：2本
ココアパウダー：35g

1　型にオーブンシートを貼る（P.138参照）。バターをポマード状にする（P.139参照）。平面ビーターを取り付けたスタンドミキサーのボウルにバター、塩、粉糖を入れて混ぜる。

2　薄力粉とベーキングパウダーを合わせてふるう。卵と牛乳をボウルに入れて軽くかき混ぜる。それぞれ1に少しずつ加えて混ぜる。

3　2の生地が均一に混ざったら約780gずつ半分にする。オーブンを160℃に温めておく。バニラビーンズの種を半分の生地に入れて混ぜ、バニラ風味の生地を作る。

もう半分の生地にはココアパウダーを入れて混ぜ、ココア風味の生地を作る。絞り袋にそれぞれ生地を詰める（P.140参照）。

4　型の底にバニラ風味の生地260g（1/3の分量）を絞る（P.140参照）。

5　4の中心にココア風味の生地390g（1/2の分量）を絞る。その上にバニラ風味の生地260g（1/3の分量）を、またその上の中心にココア風味の生地390g（1/2の分量）を絞る。

6　最後に残ったバニラ生地を全体に絞り、オーブンに入れる。10～15分たったところで一旦取り出し、少量の油をつけたナイフの先端でケーキの中心に縦に切り込みを入れると、ケーキにきれいな割れ目ができる。オーブンに戻し、45分～1時間焼成を続ける。ナイフを刺してみて、引き抜いたナイフの先端が乾いていたら焼き上がり。

CAKE AUX
POIRES

ケーク・オー・ポワール（洋ナシのパウンドケーキ）

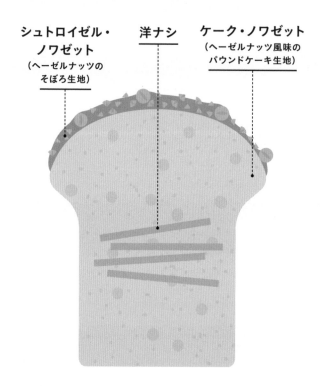

シュトロイゼル・
ノワゼット
（ヘーゼルナッツの
そぼろ生地）

洋ナシ

ケーク・ノワゼット
（ヘーゼルナッツ風味の
パウンドケーキ生地）

どんなお菓子？

ヘーゼルナッツ風味の生地の中にスライスした洋ナシを入れ、ヘーゼルナッツのそぼろ生地をのせて焼いたパウンドケーキです。

製作時間

下準備：1時間
焼成：45分
冷蔵：一晩

必要な道具

23×7×7cmのパウンドケーキ型
スタンドミキサー
（ボウル、ワイヤーホイップ）
絞り袋

ヴァリエーション

ヘーゼルナッツの代わりに、クルミを使ってもよいでしょう。

基本テクニック

型にオーブンシートを貼る（P.138）
澄ましバターを作る（P.139）
生地を絞る（ポッシェ P.140）
絞り袋に生地を詰める（P.140）

注意すべきポイント

生地と洋ナシの合わせ方

保存方法

容器に入れて冷蔵で4〜5日保存できます。

アドバイス

油脂と液体が分離すると生地が切れてしまいます。それを避けるために、卵は数回に分けて追加しましょう。
洋ナシはそのまま生地にのせると中に沈んでしまうので、粉をまぶして位置を保たせましょう。

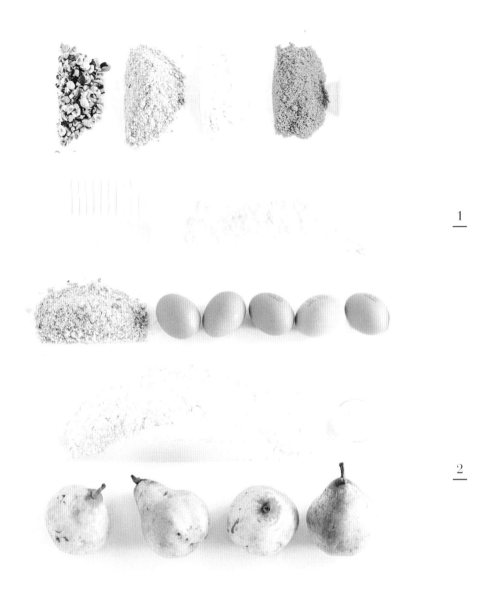

1

2

材料 (12〜15人分)

1 シュトロイゼル・ノワゼット

ヘーゼルナッツパウダー：50g
薄力粉：50g
粗糖 (ベルジョワーズ)：50g
バター：50g
砕いたヘーゼルナッツ：50g

2 ケーク・ノワゼット

バター：350g (澄ましバター250g分)
粉糖：250g
ヘーゼルナッツパウダー：50g
全卵：250g (卵5個)
薄力粉：300g
ベーキングパウダー：6g
洋ナシ：3〜4個

1　型にオーブンシートを貼る（P.138参照）。

2　細かく砕いたヘーゼルナッツを加えて、シュトロイゼル・ノワゼットを作る（P.14参照）。

3　バター350gを使って、澄ましバター250gを作る（P.139参照）。ワイヤーホイップを取り付けたスタンドミキサーで澄ましバターと粉糖を混ぜる。そこにヘーゼルナッツパウダーを加えて混ぜる。さらに、溶き卵を3回に分けて加えて混ぜる。

4　薄力粉とベーキングパウダーをふるい合わせ、3に加えて混ぜる。絞り袋に生地を詰める（P.140参照）。

5　洋ナシの皮をむき、縦半分に切って種を取り、薄切りにする。

6　オーブンを150℃に温めておく。5に薄力粉をまぶし、はたいて余分な粉を落とす。4の生地を型の底に1cmの厚みに絞る（P.140参照）。洋ナシを並べ、その上から生地を絞る。さらに洋ナシを並べ、残りの生地を絞る。

7　6をシュトロイゼル・ノワゼットで覆う。

8　オーブンで45分焼く。粗熱がとれたら型からはずし、金網の上にのせて冷ます。完全に冷めたらラップで包み、冷蔵庫に一晩入れる。

CAKE
CITRON & PAVOT

ケーク・シトロン・エ・パヴォ（レモンとポピーシードのケーキ）

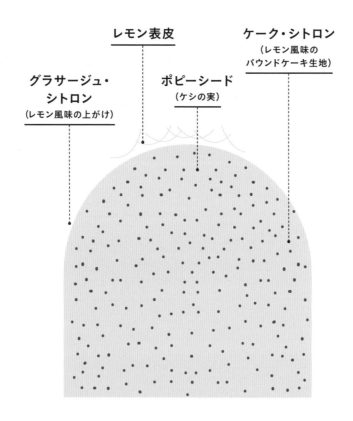

レモン表皮

ケーク・シトロン
（レモン風味の
パウンドケーキ生地）

グラサージュ・
シトロン
（レモン風味の上がけ）

ポピーシード
（ケシの実）

どんなお菓子？

レモンとポピーシード風味の生地を焼いて、レモンシロップを染み込ませ、レモン風味のグラサージュを上がけしたケーキです。

製作時間

下準備：1時間
焼成：50分〜1時間

必要な道具

直径25cmのサバラン型（エンゼル型）
スタンドミキサー
（ボウル、ワイヤーホイップ）
L字型パレットナイフ
目の細かいおろし器、刷毛

ヴァリエーション

レモン4個の代わりに、オレンジ3個を使ってもよいでしょう。

基本テクニック

澄ましバターを作る（P.139）
シロップを打つ（P.139）

注意すべきポイント

焼成後の生地の型抜き

保存方法

ケーキは焼成前の生地の状態で、冷凍で1カ月保存できます。焼く時には凍ったままオーブンに入れ、焼成時間を最低でも45分延長しましょう。

アドバイス

焼成後の生地を型からはずす時には、まずL字型パレットナイフを型と生地の間に差し込んで縁の部分を剥がします。次に、金網の上に型を逆さにしておき、上から優しく叩きます。はずれない場合は、パレットナイフを使って少しずつ、はずしましょう。ケーキは前日に焼いておいて、食べる当日にグラサージュしてもかまいません。

材料（10〜12人分）

1 ケーク・シトロン

バター：120g（澄ましバター90g分）
薄力粉：290g
ベーキングパウダー：6g
レモン：4個
グラニュー糖：300g
全卵：300g（卵6個）
塩：1g
クレーム・エペス（発酵クリーム）：160g
ブルーポピーシード：30g

2 シロップ

レモン果汁：35g（レモン1/2個分）
水：35g
グラニュー糖：35g

3 グラサージュ・シトロン

レモン果汁：45g（レモン1個分）
粉糖：200g

1　焼成後の生地に染み込ませるシロップを作る。鍋にレモン果汁、水、グラニュー糖を入れ、泡立て器でかき混ぜながら火にかける。沸騰したら火から下ろし、室温においておく。澄ましバター90gを作る（P.139参照）。薄力粉とベーキングパウダーを合わせてふるう。型の内側に薄くバターを塗る。オーブンを165℃に温めておく。

2　目の細かいおろし器でレモンの表皮をすりおろし、一部をデコレーション用に取っておく。残りをグラニュー糖と混ぜる。

3　ボウルに2、卵、塩、クレーム・エペス、ブルーポピーシードを入れ、ワイヤーホイップを取り付けたスタンドミキサーで混ぜる。1の薄力粉を2〜3回に分けて加え、低速で混ぜる。最後に粗熱の取れた澄ましバターを加えて混ぜる。

4　3を型に流し、オーブンで50分〜1時間焼く。粗熱がとれたら型からはずし、金網の上におく。刷毛を使って生地にシロップを打つ（P.139参照）。

5　グラサージュ・シトロンを作る。レモン果汁をボウルに入れてスタンドミキサーにかけ、粉糖を少しずつ加えて、全体が均一でなめらかになるまで混ぜる。

6　刷毛を使ってケーキ全体を5で覆う。好みでおろしたレモン表皮を飾る。

CARROT CAKE

キャロット・ケーキ

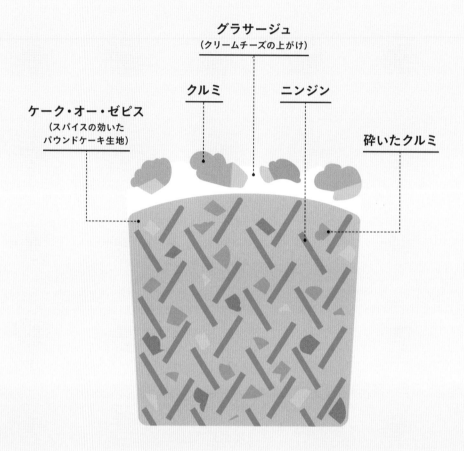

グラサージュ
（クリームチーズの上がけ）

クルミ　　　ニンジン

ケーク・オー・ゼピス
（スパイスの効いた
パウンドケーキ生地）

砕いたクルミ

どんなお菓子?

ニンジン、ナツメグ、シナモンの風味の生
地を焼き、クリームチーズの上がけをした
パウンドケーキです。

製作時間

下準備：1時間30分
焼成：1時間
冷蔵：一晩＋当日1時間

必要な道具

23×7×7cmのパウンドケーキ型
スタンドミキサー
（ボウル、ワイヤーホイップ）
L字型パレットナイフ

ペティナイフ
スライサー

ヴァリエーション

クリームチーズの代わりに、マスカルポー
ネチーズを使ってもよいでしょう。

基本テクニック

型にオーブンシートを貼る（P.138）
バターをポマード状にする（P.139）

注意すべきポイント

ポマード状のバターの作り方

保存方法

容器に入れて冷蔵で4～5日保存できます。

アドバイス

クリームチーズは、チーズスプレッド（塗って
食べるタイプのチーズ）でも代用できます。
オーブンに入れてから15～20分後に一旦
取り出し、少量の油をつけたナイフの先で
ケーキの中心に縦に切り込みを入れると、
きれいな割れ目がついた焼き上がりになり
ます。

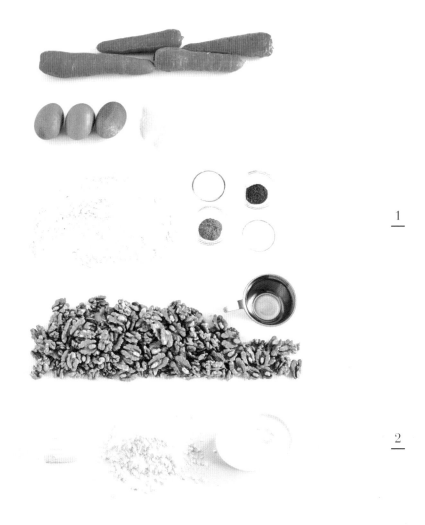

材料 (10〜12人分)

1 ケーク・オー・ゼピス

ニンジン：200g（3〜4本）
全卵：150g（卵3個）
グラニュー糖：200g
薄力粉：175 g
ベーキングパウダー：10g
塩：2g
シナモンパウダー：2g
すりおろしたナツメグ：2g
砕いたクルミ：120g
ひまわり油：100g

2 グラサージュ

バター：100g
粉糖：100g
クリームチーズ：200g

1 　型にオーブンシートを貼る（P.138参照）。オーブンを170℃に温めておく。ニンジンの皮をむき、200g分をスライサーで千切りにする。

2 　ボウルに卵とグラニュー糖を入れ、ワイヤーホイップを取り付けたスタンドミキサーでムース状になるまで混ぜる。

3 　薄力粉、ベーキングパウダー、塩、シナモンパウダー、ナツメグをふるい合わせ、2に加えてゴムべらで軽く混ぜる。さらに、千切りにしたニンジンを加えて混ぜる。

4 　クルミ20gはトッピング用に取っておく。残りのクルミとひまわり油を3に加えて混ぜ、全体が均一になったら型に流す。

5 　オーブンで1時間焼く。15〜20分たったところで一旦取り出し、少量の油をつけたナイフの先でケーキの中心に縦に切り込みを入れる。オーブンに戻して焼成を続ける。粗熱がとれたら型からはずし、金網の上において冷ます。完全に冷めたらラップで包み、冷蔵庫に一晩入れる。

6 　グラサージュを作る。バターをポマード状にする（P.139参照）。粉糖を加え、均一になるまで混ぜる。クリームチーズを加えてさらに混ぜる。L字型パレットナイフを使って5の上にたっぷり塗り、取っておいたクルミをトッピングする。冷蔵庫に1時間入れる。

CAKE AUX
FRUITS CONFITS

ケーク・オー・フリュイ・コンフィ
（フルーツパウンドケーキ）

ケーク・オー・フリュイ・
コンフィ
（フルーツパウンドケーキ）

レーズン

フリュイ・コンフィ
（砂糖漬けのフルーツ）

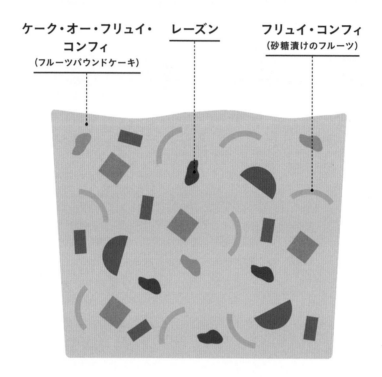

どんなお菓子？

ラム酒漬けのレーズンと砂糖漬けのフルーツを混ぜて焼いたパウンドケーキです。

製作時間

下準備：1時間
焼成：1時間～1時間30分
冷蔵：一晩

必要な道具

30×8×8cmのパウンドケーキ型
スタンドミキサー
（ボウル、ワイヤーホイップ）

基本テクニック

型にオーブンシートを貼る（P.138）
澄ましバターを作る（P.139）

注意すべきポイント

生地と砂糖漬けフルーツの混ぜ方

保存方法

容器に入れて冷蔵で4～5日保存できます。

アドバイス

油脂と液体が分離すると生地が切れてしまいます。それを避けるために、卵は数回に分けて追加しましょう。
砂糖漬けフルーツとレーズンは、そのまま生地と混ぜると焼成中に底に沈んでしまいます。生地の中に上手に分散させるために、先に粉をまぶしてから入れましょう。

材料（12～15人分）

レーズン：120g
ラム酒：40g
バター：350g（澄ましバター250g分）
粉糖：250g
アーモンドパウダー：50g
全卵：250g（卵5個）
薄力粉：300g
ベーキングパウダー：6g
砂糖漬けのフルーツ：375g

1 レーズンを湯に30分ほど浸して戻す。
湯を切り、ラム酒に漬けておく。

2 オーブンを150℃に温めておく。型に
オーブンシートを貼る(P.138参照)。

3 バター350gを使って澄ましバターを
作る(P.139参照)。ボウルに澄ましバター
250gと粉糖を入れ、ワイヤーホイップを
取り付けたスタンドミキサーで混ぜる。

4 3にアーモンドパウダーを加えて混ぜ
る。さらに、溶き卵を3回に分けて加えて
混ぜる。

5 薄力粉とベーキングパウダーを合わ
せてふるう。その中に、細かくカットした
砂糖漬けのフルーツと、水気を切った1を
入れて混ぜる。4に入れてゴムべらで混ぜ、
型に流す。

6 オーブンで1時間〜1時間30分焼く。
竹串を刺してみて、先端が乾いていたら焼
き上がり。粗熱がとれたら型からはずして
金網にのせる。完全に冷めたらラップで包
み、冷蔵庫に一晩入れる。

CAKE ROCHER

ケーク・ロシェ

（アーモンドダイス入りチョコレートの上がけをしたパウンドケーキ）

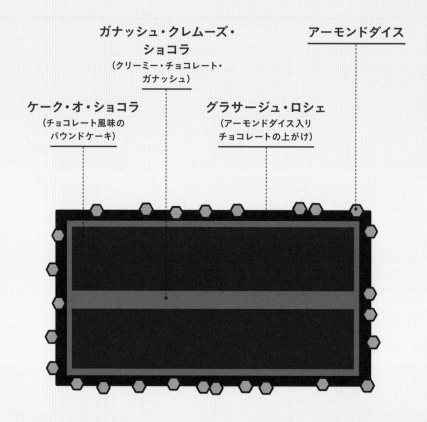

ガナッシュ・クレムーズ・ショコラ
（クリーミー・チョコレート・ガナッシュ）

アーモンドダイス

ケーク・オ・ショコラ
（チョコレート風味のパウンドケーキ）

グラサージュ・ロシェ
（アーモンドダイス入りチョコレートの上がけ）

どんなお菓子？

チョコレート風味の生地をクリーミー・ガナッシュで覆い、アーモンドダイス入りチョコレートの上がけでコーティングしたパウンドケーキです。

製作時間

下準備：1時間30分
焼成：40分
冷蔵：2時間（ガナッシュ塗布後）
　　　30分以上（完成後）

必要な道具

22×32cmの角セルクル型（カードル）
絞り袋、12mmの丸口金、片目口金

波刃ナイフ
L字型パレットナイフ
おろし器
刷毛

基本テクニック

シロップを打つ（P.139）
湯煎にかける（P.140）
生地を絞る（ポッシェ P.140）
絞り袋に生地を詰める（P.140）
シャブロネする（P.141）
ケーキ全体を覆う（P.141）

ヴァリエーション

生地を型に流す直前に、ラム酒30gを加えてもよいでしょう。

保存方法

容器に入れて冷蔵で1週間保存できます。

アドバイス

生地をより柔らかく仕上げたいなら、焼成後すぐにシロップを染み込ませてもよいでしょう。

材料（8〜10人分）

1 ガナッシュ・クレムーズ・ショコラ

卵黄：50g（卵3〜4個）
グラニュー糖：50g
牛乳：250g
ブラックチョコレート（カカオ60%）：150g
トンカ豆：1個

2 シロップ

水：80g
グラニュー糖：40g

3 ケーク・オ・ショコラ

バター：75g
ブラックチョコレート（カカオ70%）：50g
全卵：250g（卵5個）
トリモリン（転化糖）：75g
グラニュー糖：125g
アーモンドパウダー：75g
薄力粉：120g
ベーキングパウダー：8g
ココアパウダー：25g
生クリーム：120g

4 シャブロネ

ブラックチョコレート（カカオ66%）：50g

5 グラサージュ・ロシェ

アーモンドダイス：160g
ミルクチョコレート：260g
ブラックチョコレート（カカオ66%）：300g
グレープシードオイル：50g

1　ガナッシュ・クレムーズ・ショコラを作る（P.20参照）。最後の工程ですりおろしたトンカ豆を加えること。シロップを作る。鍋に水とグラニュー糖を入れ、泡立て器で混ぜながら沸騰させ、火から下ろして冷ます。

2　オーブンを150℃に温めておく。ケーク・オ・ショコラを作る。バターとチョコレートを合わせて湯煎で溶かす（P.140参照）。卵、トリモリン、グラニュー糖をボウルに入れて混ぜ、アーモンドパウダーを加えて混ぜる。薄力粉、ベーキングパウダー、ココアパウダーをふるい合わせ、加えて混ぜる。生クリーム、溶かしたバターとチョコレートを加えて混ぜる。オーブンシートを敷いた天板に角セルクル型をのせ、その中に生地を流し、オーブンで40分ほど焼く。常温で10分おいてから型をはずす。

3　刷毛で1のシロップを打つ（P.139参照）。シロップは残さず使いきること。表面が完全に乾いてから、波刃ナイフでケーキの上数ミリを削って高さを均一に揃える。

4　縦に2等分して、11×32cmのパーツを2枚作る。シャブロネ用チョコレートを湯煎で溶かし、片方の裏面をシャブロネする（P.141参照）。1のガナッシュをゴムべらで混ぜてなめらかにし、12mmの丸口金をつけた絞り袋に半量を入れ、シャブロネした方のパーツの表面に棒状に絞る（P.140参照）。もう1つのパーツを上にのせ、軽く押さえる。

5　残り半量のガナッシュを片目口金をつけた絞り袋に入れ、4の全体を覆うように絞る（底面を除く）。L字型パレットナイフで平らにならす。冷蔵庫に2時間入れる。

6　グラサージュ・ロシェを作る（P.24参照）。天板の上に金網をおき、5をのせる。上からグラサージュをかけてケーキ全体を覆う（P.141参照）。数分待って皿に移し、冷蔵庫に30分以上入れる。

QUATRE-QUARTS

キャトルカール（バニラのパウンドケーキ）

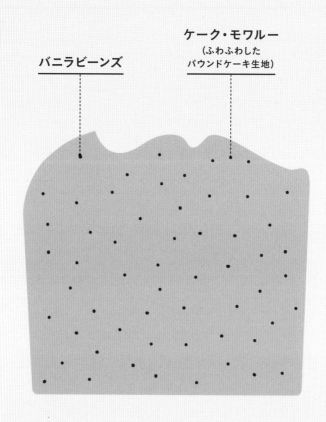

ケーク・モワルー
（ふわふわした
パウンドケーキ生地）

バニラビーンズ

どんなお菓子？

同じ分量の薄力粉、グラニュー糖、卵、バターを混ぜて作る、4×1/4（キャトル×カール）という意味のパウンドケーキです。

製作時間

下準備：1時間
焼成：1時間
冷蔵：一晩

必要な道具

29×8×8cmのパウンドケーキ型
スタンドミキサー
（ボウル、ワイヤーホイップ）
ペティナイフ

ヴァリエーション

バニラビーンズの代わりに、トンカ豆か、コブミカン（訳注：東南アジア原産の柑橘類の一種）の表皮を使ってもよいでしょう。

基本テクニック

型にオーブンシートを貼る（P.138）

注意すべきポイント

焼成方法

保存方法

容器に入れて冷蔵で4〜5日保存できます。

焼成の最後にオーブンの中を湯煎のような状態にするのはなぜ？

湯煎の状態にして焼成を終わらせると、ケーキがよりふわふわになるからです。

材料（12〜15人分）

バター：300g
薄力粉：300 g
ベーキングパウダー：8g
グラニュー糖：300g
バニラビーンズ：2本
全卵：300g（卵6個）

1　鍋にバターを入れて火にかける。溶けたら火から下ろし、室温においておく。型にオーブンシートを貼る（P.138参照）。オーブンを165℃に温めておく。

2　薄力粉とベーキングパウダーをふるい合わせ、ワイヤーホイップを取り付けたスタンドミキサー用のボウルに入れる。グラニュー糖とバニラビーンズの種をボウルに加えて混ぜ、種を全体に分散させる。

3　ダマができないように、卵を2〜3回に分けて2に追加し、低速で混ぜる。

4　溶かしたバターを加え、全体が均一になるまで混ぜる。

5　型に流し、オーブンで1時間焼く。オーブンに入れて15〜20分たったところで一旦取り出し、少量の油をつけたナイフの先端でケーキの中心に縦に切り込みを入れると、焼き上がった時にきれいな割れ目になる。オーブンに戻して20分焼いたら、扉を開けて下段に耐熱皿を置く。皿の中に沸騰した湯を2cmの高さまで入れて、オーブンの中を湯煎状態にする。そこからさらに20分焼成する。粗熱がとれたら型からはずして金網にのせる。完全に冷めたらラップで包み、冷蔵庫に一晩入れる。

PAIN D'ÉPICES

パン・デピス（スパイスのパウンドケーキ）

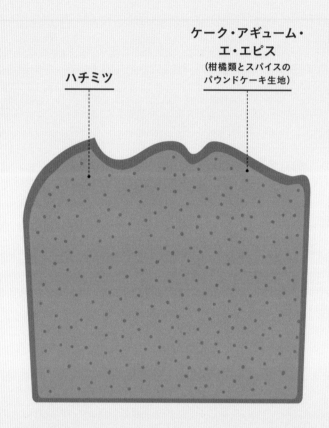

ハチミツ

ケーク・アギューム・
エ・エピス
（柑橘類とスパイスの
パウンドケーキ生地）

どんなお菓子？

「スパイスのパン」という意味の、香辛料とハチミツをベースにしたブルゴーニュ地方の郷土菓子です。

製作時間

下準備：1時間
焼成：1時間10分〜1時間30分
冷蔵：二晩

必要な道具

23×7×7cmのパウンドケーキ型
シノワ
ペティナイフ
ピーラー

基本テクニック

型にオーブンシートを貼る（P.138）
澄ましバターを作る（P.139）
シノワでこす（P.140）

注意すべきポイント

焼成方法

ヴァリエーション

カルダモンやトンカ豆などを加えて、スパイスの種類に変化をつけてもよいでしょう。

保存方法

容器に入れて冷蔵で2週間、またはラップでしっかり包んで冷凍で6カ月保存できます。

アドバイス

オーブンに入れて20〜30分たったところで一旦取り出し、少量の油をつけたナイフの先端で膨らみ始めたケーキの中心に縦に切り込みを入れると、きれいな割れ目がついた焼き上がりになります。

材料（10〜12人分）

バター：100g
（澄ましバター65g分）＋80g
水：300g
グラニュー糖：125g
いろいろな花のハチミツ：300g
パン・デピス用スパイスミックス：11g
レモン：2個
ライム：2個
オレンジ：1個

薄力粉：300 g
ベーキングパウダー：1g
重曹：20g
塩：2g

1　バター100gで澄ましバターを作り、65gを用意しておく（P.139参照）。シロップを作る。鍋に水、グラニュー糖、ハチミツ、スパイス、レモン・ライム・オレンジの皮、オレンジの果汁を入れて火にかける。沸騰したら火から下ろし、ふたをしてそのまま30分おいて香りを抽出する。

2　バター80gを鍋に入れて溶かし、室温においておく。1のシロップをシノワでこす（P.140参照）。

3　薄力粉、ベーキングパウダー、重曹、塩を合わせてふるう。その上に、再び火にかけて沸騰させたシロップを直接注いで混ぜる。

4　澄ましバター65gと溶かしたバター80gを追加し、空気を入れないように、泡立て器でゆっくりかき混ぜる。生地の表面をラップで覆い、冷蔵庫に一晩入れて休ませる。

5　型にオーブンシートを貼る（P.138参照）。オーブンを180℃に温めておく。4を型に流し、オーブンで1時間10分〜1時間30分焼く。オーブンに入れて20〜30分たったところで一旦取り出し、少量の油をつけたナイフの先端でケーキの中心に縦に切り込みを入れると、焼き上がった時にきれいな割れ目になる。オーブンに戻し、表面を触ってしっかりしていたら焼き上がり。

6　粗熱がとれたら型からはずして金網にのせる。完全に冷めたらラップで包み、冷蔵庫に一晩入れる。

CAKE
À LA BANANE

ケーク・ア・ラ・バナーヌ (バナナのパウンドケーキ)

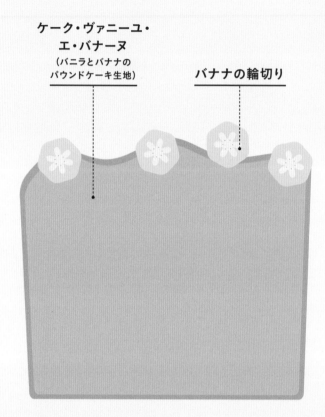

ケーク・ヴァニーユ・
エ・バナーヌ
(バニラとバナナの
パウンドケーキ生地)

バナナの輪切り

どんなお菓子？

バニラとバナナの風味のパウンドケーキ
です。

製作時間

下準備：1時間
焼成：2時間
冷蔵：一晩
冷凍：1時間

必要な道具

23×7×7cmのパウンドケーキ型
ミキサー

ヴァリエーション

シナモンパウダーやナツメグを加えてもよ
いでしょう。

基本テクニック

型にオーブンシートを貼る (P.138)

注意すべきポイント

焼成方法

保存方法

容器に入れて冷蔵で4〜5日保存できます。

焼成の最後にオーブンの中を湯煎のような状態にするのはなぜ？

湯煎の状態にして焼成を終わらせると、
ケーキがよりふわふわになるからです。

材料 (9〜10人分)

1 ケーク・ヴァニーユ・エ・バナーヌ

バター：125g
グラニュー糖：200g
バナナの中身：310g(バナナ3本)
全卵：100g(卵2個)
バニラエッセンス：5g
薄力粉：190 g
ベーキングパウダー：5g

2 デコレーション

バナナ：2本

1　型にオーブンシートを貼る（P.138参照）。バターを鍋に入れて溶かし、室温においておく。ミキサーにグラニュー糖とバナナの中身310gを入れてかく拌する。

2　卵を加えて、かく拌する。

3　溶かしたバターとバニラエッセンスを加えてかく拌し、薄力粉とベーキングパウダーを加えて混ぜる。

4　3を型に流し、冷凍庫に1時間入れる。オーブンを150℃に温めておく。バナナ2本を輪切りにして生地の上にのせる。オーブンに入れて1時間30分焼いたら、扉を開けて下段に耐熱皿を置く。皿の中に沸騰した湯を2cmの高さまで入れて、オーブンの中を湯煎状態にする。そこからさらに25分焼成する。

5　粗熱がとれたら型からはずして金網にのせる。完全に冷めたらラップで包み、冷蔵庫に一晩入れる。

GÂTEAU
NANTAIS

ガトー・ナンテ
（ラム酒の効いたアーモンドケーキ）

ガトー・アマンド
（アーモンド風味の
ケーキ生地）

グラサージュ・
ヴァニーユ・エ・ラム
（バニラとラム酒風味の上がけ）

ラム酒

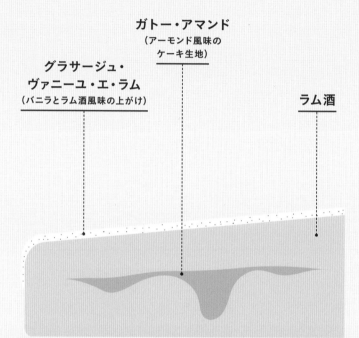

どんなお菓子？

ラム酒を効かせたアーモンド風味のしっとり柔らかい生地に、バニラとラム酒の風味の白いグラサージュをかけたケーキ。ブルゴーニュ地方ナントの郷土菓子です。

製作時間

下準備：45分
焼成：1時間
寝かせ：一晩（完成後）

必要な道具

直径26cmのセルクル型
（底の抜けるタイプが扱いやすく好ましい）
スタンドミキサー
（ボウル、平面ビーター、ワイヤーホイップ）
L字型パレットナイフ

ヴァリエーション

ラム酒の代わりに、オレンジフラワーウォーターを使ってもよいでしょう。

基本テクニック

バターをポマード状にする（P.139）
バターをクリーム状にする（P.139）

注意すべきポイント

グラサージュの方法

保存方法

ラップでしっかり包んで常温で2週間保存できます。カットした後は冷蔵庫に入れたほうがよいでしょう（保存は冷蔵でも2週間です）。

アドバイス

グラサージュが水っぽい時は、ちょうどよい濃さになるまで、ふるった粉糖を加えましょう。

材料（6〜8人分）

1　ガトー・アマンド

バター：180g
グラニュー糖：190g
塩：3g
全卵：225g（卵4〜5個）
ラム酒：30g
アーモンドパウダー：150g
薄力粉：60g

2　グラサージュ・
ヴァニーユ・エ・ラム

ラム酒：20g
卵白：15g（卵1/2個）
バニラビーンズ：2本
粉糖：170g

1　型の底に、型に合わせて丸くカットしたオーブンシートを貼り、側面にはポマード状にしたバターを塗る。オーブンを170℃に温めておく。平面ビーターを取り付けたスタンドミキサーのボウルに、ポマード状にしたバター（P.139参照）とグラニュー糖と塩を入れ、しっかり混ぜてクリーム状にする（P.139参照）。

2　軽く混ぜた卵を3回に分けて1に加える。1回入れるごとに、しっかりと混ぜること。ラム酒を加えて混ぜる。

3　アーモンドパウダーを加えてしっかり混ぜる。さらに薄力粉を加えて混ぜる。そのまま常温に10分おいてから、型に流し、オーブンで45分焼く。

4　粗熱がとれたら型からはずして金網にのせ、完全に冷ます。

5　4の側面にバターを薄く塗って、帯状にカットしたオーブンシートを巻き付ける。

6　グラサージュを行う。ワイヤーホイップを取り付けたスタンドミキサーのボウルに、ラム酒、卵白、バニラビーンズの種を入れる。粉糖を少しずつ加えながら、全体が均一になるまで混ぜる。5の上に流し、L字型パレットナイフで表面を均等にならす。130℃のオーブンに15分入れてグラサージュを固める。一晩、寝かせる。食べる前にオーブンシートを剥がす。

GÂTEAU TRUFFÉ

ガトー・トリュフェ
（トリュフチョコレートのケーキ）

パート・オ・ショコラ
（トリュフチョコレート生地）

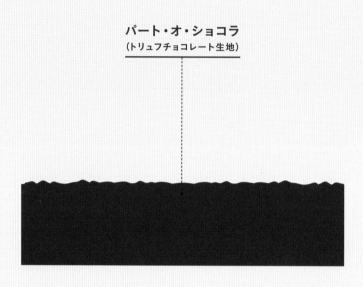

どんなお菓子？

とろける食感の濃厚なチョコレートケーキ
です。

製作時間

下準備：20分
焼成：25分

必要な道具

直径22cmのアントルメ用セルクル型
スタンドミキサー
（ボウル、ワイヤーホイップ）
絞り袋

ヴァリエーション

生地を絞る前に、チップ状のミルクチョコ
レートやホワイトチョコレートを型の中にち
りばめておいてもよいでしょう。

基本テクニック

湯煎にかける（P.140）

保存方法

容器に入れて冷蔵で2週間保存できます。

アドバイス

バターは使用する1時間前に冷蔵庫か
ら出して、柔らかくしておきましょう。チョ
コレートは少し冷ましてからスタンドミ
キサーのボウルに入れましょう。

材料（6〜8人分）

ブラックチョコレート（カカオ66%）：250g
バター：250g
グラニュー糖：125g
全卵：200g（卵4個）
薄力粉：50g

1　チョコレートを湯煎にかけて溶かす（P.140参照）。ワイヤーホイップを取り付けたスタンドミキサーのボウルに、柔らかくしたバターとグラニュー糖を入れ、しっかり混ぜてなめらかなクリーム状にする。卵を1個ずつ加えて低速で混ぜる。

2　スタンドミキサーを低速にしたまま、薄力粉を加えて均一になるまで混ぜ、溶かしたチョコレートを加えてさらに混ぜる。

3　オーブンを180℃に温めておく。型の内側にオーブンシートを貼り、オーブンシートを敷いた天板にのせる。2を絞り袋に入れて渦巻き状に絞る。

4　オーブンで25分焼く。ペティナイフの刃を中心に刺してみて、わずかに濡れる程度で取り出す。

GÂTEAU VAPEUR
À L'ORANGE

ガトー・ヴァプール・ア・ロランジュ
（オレンジの蒸しケーキ）

**ガトー・アマンド・
エ・オランジュ**
（アーモンドとオレンジ風味の生地）

エコルス・コンフィット
（オレンジ果皮の砂糖漬け）

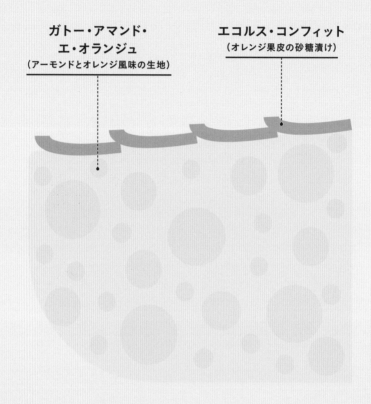

どんなお菓子？

オレンジ風味の蒸しケーキです。

製作時間

下準備：1時間
加熱：1時間～1時間15分
寝かせ：一晩（果皮の砂糖漬け）

必要な道具

直径18cm×高さ5cmの竹セイロ
スタンドミキサー
（ボウル、ワイヤーホイップ）
深型鍋
目の細かいおろし器

ヴァリエーション

オレンジの代わりに、レモンを使ってもよ
いでしょう。

基本テクニック

型にオーブンシートを貼る（P.138）

注意すべきポイント

加熱方法

保存方法

冷蔵で3～4日保存できます。

アドバイス

果皮の砂糖漬けの代わりに、オレンジ2個
分の表皮をすりおろして型の底に散らして
も構いません。
ケーキの蒸し焼き中に水が不足しないよう、
鍋には十分な量の水を入れましょう。

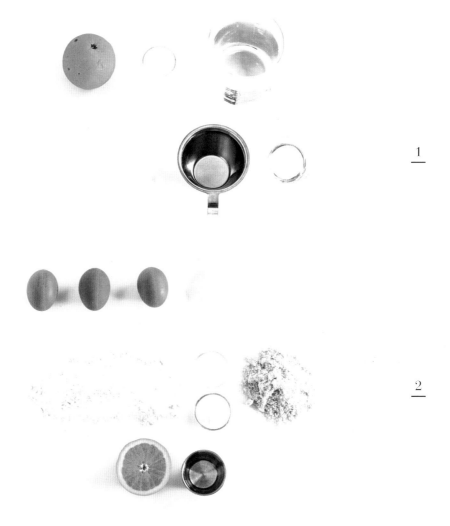

材料（4〜6人分）

1 エコルス・コンフィット

オレンジ：1個
水：1リットル
塩：5g
水：250g
グラニュー糖：315g
水あめ：40g

2 ガトー・アマンド・エ・オランジュ

全卵：150g（卵3個）
グラニュー糖：120g
薄力粉：135g
ベーキングパウダー：8g
塩：2g
アーモンドパウダー：35g
オレンジ：1個（すりおろした表皮＋果汁35g分）
サラダ油：70g

1　オレンジでエコルス・コンフィットを作
る（P.16参照）。一晩寝かせる。

2　竹セイロにオーブンシートを貼る（P.138
参照）。ワイヤーホイップを取り付けたスタ
ンドミキサーのボウルに卵とグラニュー糖
を入れ、2倍の量になるまでしっかりと混
ぜる。先にふるい合わせておいた薄力粉、
ベーキングパウダー、塩を加えてゴムべら
で混ぜる。さらにアーモンドパウダーを加
えて混ぜる。

3　目の細かいおろし器ですりおろした
オレンジの表皮、搾ったオレンジ果汁35g、
サラダ油を2に入れて混ぜる。

4　1を細長くカットし、竹セイロの底に
並べる。その上に静かに3を流し入れる。

5　水をたっぷり入れた深さのある鍋の底
にセルクル型を置き、火にかける。湯が沸
騰したら火を弱め、湯が軽く沸騰を続けて
いる状態に保つ。4を鍋に入れてふたをす
る。ふたは、あらかじめ清潔な布巾で包ん
でおくこと。布巾が蒸気を吸い取って、水
滴がケーキの上に落ちることを防いでくれ
る。蒸気の循環を妨げてしまうので、ふた

をした時に、竹セイロに触れないような高
さの鍋を選んでおくとよい。1時間蒸し焼
きにする。型を叩いて焼き具合を確認する。
もし生地がまだ揺れるようなら、さらに15
分蒸す。

6　冷めてから型からはずし、金網の上に
のせる。

BROWNIE

ブラウニー

ブラウニー・
ショコラ・ノワール
（ブラックチョコレートの
ブラウニー生地）

ピーカンナッツ

ピスタチオ

アーモンド

ヘーゼルナッツ

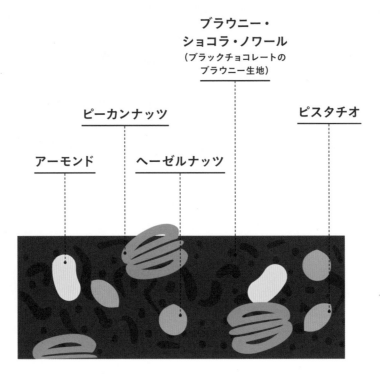

どんなお菓子？

チョコレート生地にナッツが入った柔らかいケーキです。

製作時間

下準備：20分
焼成：20〜30分

必要な道具

20×30cmの耐熱皿

ヴァリエーション

指定のナッツの代わりに、ドライクランベリー、ドライブルーベリー、カシューナッツ、マカデミアナッツなどを好みで使ってもよいでしょう。

注意すべきポイント

焼成方法

保存方法

容器に入れて冷蔵で1週間保存できます。

アドバイス

アントルメの土台として使うこともできます。その場合は15〜20分ほど長めに焼成しましょう。

材料（16個分）

1 ブラウニー・ショコラ・ノワール

バター：180g
ブラックチョコレート（カカオ66%）：100g
全卵：150g（卵3個）
カソナード（ブラウンシュガー）：200g
薄力粉：85g

2 フィリング

タブレット状ミルクチョコレート：180g
ヘーゼルナッツ：40g
アーモンド：40g
無塩ピスタチオ：40g
ピーカンナッツ：40g

1　オーブンを170℃に温めておく。バ
ターを鍋に入れて火にかけて溶かし、ブ
ラックチョコレートを加えて均一になるま
で混ぜる。

2　卵とカソナードをボウルに入れて泡立
て器で軽く混ぜ、1を加えて混ぜる。薄力
粉を加えて混ぜる。

3　フィリングを準備する。ミルクチョコ
レートとナッツ類をそれぞれ小さくカットする。

4　3を合わせて、2に数回に分けて加え
る。

5　オーブンシートを敷いた耐熱皿に4
を流し、オーブンで20〜30分焼く。ペティ
ナイフの刃を刺してみて、中心がまだねっ
とりしている状態で取り出す。

BROWKIE

ブラウキー
（ブラウニーとクッキーを合わせたケーキ）

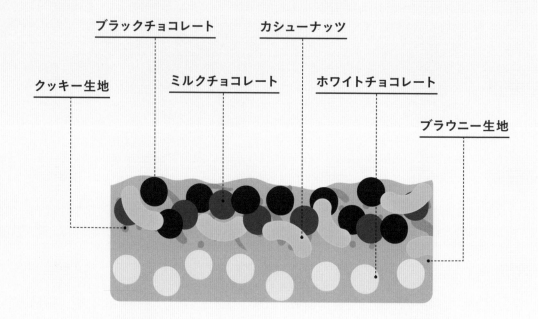

ブラックチョコレート　　　　カシューナッツ

クッキー生地　　　ミルクチョコレート　　ホワイトチョコレート

ブラウニー生地

どんなお菓子？

ホワイトチョコレートと塩味のカシューナッツのブラウニーの上に、ブラックチョコレートとミルクチョコレートのクッキーがのった、2つの食感が楽しめるケーキです。

製作時間

下準備：1時間
焼成：30〜40分
冷蔵：1時間以上

必要な道具

22×22×5cmの角セルクル型（カードル）
スタンドミキサー
（ボウル、平面ビーター、ワイヤーホイップ）

ヴァリエーション

カシューナッツの代わりに、ピーカンナッツ、ピスタチオ、マカデミアナッツなどを好みで使ってもよいでしょう。

基本テクニック

バターをポマード状にする（P.139）
湯煎にかける（P.140）

注意すべきポイント

焼成前の準備

保存方法

容器に入れて冷蔵で1週間、焼成前の生地はラップでしっかり包んで冷凍で3カ月保存できます。

アドバイス

調理場所の室温が高い時は、ブラウニー生地は冷蔵庫ではなく冷凍庫に30分入れましょう。これは上にクッキー生地をのせた時に、生地が混ざらないようにするためです。

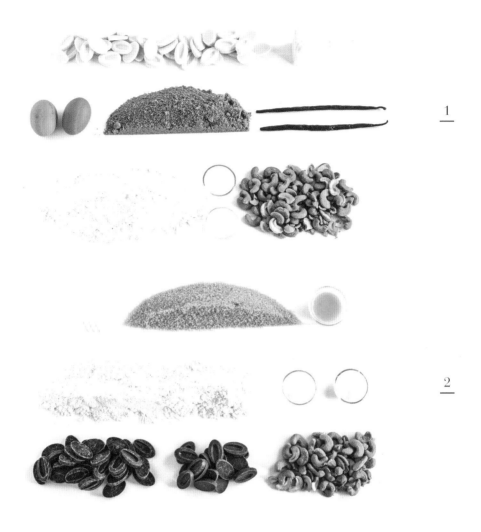

材料（12〜15個分）

1 ブラウニー生地

ホワイトチョコレート：175g
バター：115g
全卵：100g（卵2個）
カソナード（ブラウンシュガー）：200g
バニラビーンズ：2本
薄力粉：250g
ベーキングパウダー：4g
塩：2g
有塩カシューナッツ：150g

2 クッキー生地

バター：90g
カソナード（ブラウンシュガー）：110g
全卵：30g（卵1/2個）
薄力粉：140g
ベーキングパウダー：5g
塩：1g
ブラックチョコレート（カカオ66%）：125g
ミルクチョコレート：75g
有塩カシューナッツ：75g

1 ブラウニー生地を作る。ホワイトチョコレートとバターを湯煎にかけて溶かす（P.140参照）。混ぜたら常温で冷ます。

2 ワイヤーホイップを取り付けたスタンドミキサーのボウルに、卵、カソナード、バニラビーンズの種を入れて、量が3倍になるまでしっかり混ぜる。1を加えて混ぜる。さらに、先にふるい合わせておいた薄力粉とベーキングパウダーと塩を加えて混ぜる。

3 カシューナッツを2にくわえ、全体が均一になるまで混ぜる。

4 オーブンシートを敷いた天板に角セルクル型をのせ、その中に3を流し、冷蔵庫に30分以上入れる。

5 クッキー生地を作る。平面ビーターを取り付けたスタンドミキサーでバターをポマード状にする（P.139参照）。カソナードを加えてよく混ぜる。卵を加えて混ぜる。先にふるい合わせておいた薄力粉とベーキングパウダーと塩を加えて混ぜる。ブラックチョコレート、ミルクチョコレート、カシューナッツを大きめにカットして加え、全体が均一になるまで混ぜる。

6 2枚のオーブンシートで5を挟み、ブラウニー生地を入れた角セルクル型の大きさに合わせて形を整える。上のシートをはがし、逆さにして4のブラウニー生地の上にのせる。2枚目のシートをはがして、再び冷蔵庫に30分以上入れる。170℃に温めておいたオーブンで、30〜40分焼く。

KOUGLOF

クグロフ

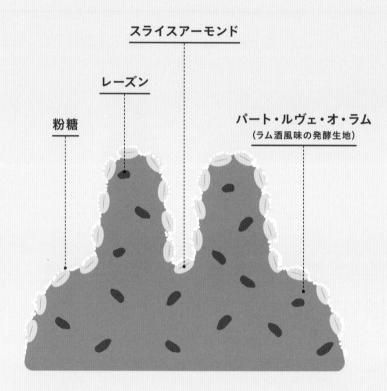

スライスアーモンド

レーズン

粉糖

パート・ルヴェ・オ・ラム
（ラム酒風味の発酵生地）

どんなお菓子？

レーズンを混ぜた発酵生地のケーキ。
アルザス地方の郷土菓子です。

製作時間

下準備：1時間
発酵：1時間30分〜2時間
焼成：45分〜1時間

必要な道具

クグロフ型
スタンドミキサー（ボウル、ドゥフック）
麺棒
茶こし

ヴァリエーション

レーズンを戻す時に、オレンジフラワー
ウォーター15gで風味付けをしてもよいで
しょう。

基本テクニック

バターをポマード状にする（P.139）

注意すべきポイント

生地の発酵

保存方法

常温で1週間保存できます。

アドバイス

生イースト15gはドライイースト5gでも代
用できます。その場合は、牛乳100gを少
し温めた中に入れて溶かして、冷めてから
同じように使いましょう。

材料 (10〜12人分)

ラム酒：20g
乾燥ブラックレーズン：160g
生イースト：15g
全卵：100g (卵2個)
牛乳：200g
フランスパン粉または強力粉：500g
グラニュー糖：100g
塩：7g
バター：175g
アーモンド (スライスまたはホール)：適量
粉糖：適量

1 　湯（分量外）とラム酒を合わせた中に乾燥ブラックレーズンを入れ、30分ほど浸して戻す。

2 　ドゥフックを取り付けたスタンドミキサーのボウルに、細かく砕いた生イースト、卵、牛乳、フランスパン粉、グラニュー糖、塩の順に材料を入れる。生地がなめらかになり、ドゥフックに巻き付いてボウルの内側から離れるようになるまで、15分ほどこねる。

3 　バターをオーブンシート2枚で挟み、上から麺棒で叩いて柔らかくする。バターは冷たいまま使うので、温めないように注意すること。

4 　2の生地を半分取り出し、打ち粉をふった作業台の上で、ざっと3のバターと混ぜる。ボウルに戻し、全体的に生地がなめらかになり弾力が出るまで、さらに15分ほどこねる。

5 　1の水気を切って4に加え、生地全体に散らばるように混ぜる。

6 　ポマード状にしたバター（P.139参照）を型の内側に塗り、全体にアーモンドを散らす。5を入れ、生地が2倍に膨らむまで常温に1時間30分〜2時間おく。170℃に温めておいたオーブンで45分〜1時間焼く。

7 　オーブンから出して10分ほど待って型からはずし、金網の上にのせて完全に冷ます。食べる前に茶こしで粉糖をふる。

88

TARTE
AU SUCRE

タルト・オ・シュクル
（砂糖のタルト）

アパレイユ
（クリーム）

パータ・ブリオッシュ
（ブリオッシュ生地）

キューブ状のバター

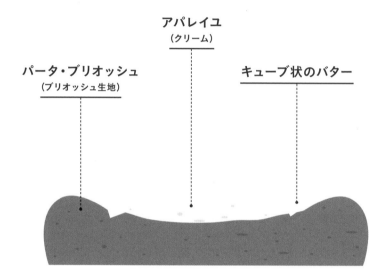

どんなお菓子？

ブリオッシュ生地に、砂糖と生クリームで作ったアパレイユを流して焼いたタルトです。

製作時間

下準備：45分
焼成：20〜30分
一次発酵：1時間30分〜2時間
二次発酵：1時間30分〜2時間

必要な道具

直径24cmのマンケ型
スタンドミキサー（ボウル、ドゥフック）

ヴァリエーション

生地にはオレンジフラワーウォーターや柑橘類の表皮をすりおろしたもので風味をつけてもよいでしょう。

基本テクニック

生地のガス抜きを行う（P.138）

注意すべきポイント

生地の発酵

保存方法

密閉容器に入れて冷蔵で1週間、冷凍で1カ月保存できます。冷凍保存した場合は、食べる前に200℃のオーブンに10分入れて温め直しましょう。

材料（8人分）

1 パータ・ブリオッシュ

生イースト：10g
全卵：130g（2〜3個）
フランスパン粉または強力粉：200g
塩：6g
グラニュー糖：20g
バター：100g

2 アパレイユ

カソナード（ブラウンシュガー）：60g
生クリーム：30g
卵黄：20g（卵1個）
バター：60g

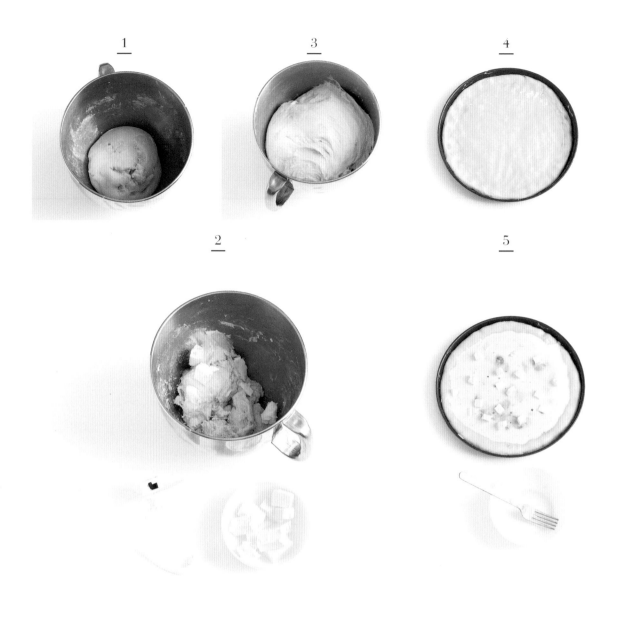

1　パータ・ブリオッシュの材料は、1時間以上、冷蔵庫に入れて冷やしておく。ドゥフックを取り付けたスタンドミキサーのボウルに、細かく砕いた生イースト、卵、フランスパン粉、塩、グラニュー糖を入れる。1/4の速度（低速）で、生地に弾力が出て、ボウルの内側から離れるようになるまでこねる。温まらないように気をつけること。

2　ミキサーを回したまま、角切りにしたバターを少しずつ加え、全体が均一になるまで混ぜる。

3　ミキサーを止めて、強力粉をふった深いボウルに生地を移す。乾燥して固くならないように、生地の表面にも強力粉を少量ふる。生地に触れないように、ボウルにキッチンタオルまたはラップをかける。冷蔵庫に1時間30分〜2時間入れて寝かせる。

4　3を冷蔵庫から取り出し、手で押してガス抜きをする（P.138参照）。オーブンシートを貼ったマンケ型に生地を入れ、底全体に行き渡るように手のひらで伸ばして平らにする。そのまま1時間30分〜2時間、30℃のオーブンに入れるか常温において、生地が2倍に膨らむまで発酵させる。

5　オーブンを180℃に温めておく。フォークの先で、生地全体に3cm間隔で規則正しくピケする。その上にカソナードをふりかける。生クリームと卵黄を泡立て器で混ぜ、生地の上に流す。角切りにしたバターを散らして、オーブンで20〜30分焼く。冷めたら型から取り出す。

GÂTEAU BASQUE

ガトー・バスク
（アーモンド・カスタードクリーム入りのアーモンドケーキ）

ガトー・アマンド
（アーモンド風味の
クッキー生地）

クレーム・パティシエール・
ア・ラマンド
（アーモンド・
カスタードクリーム）

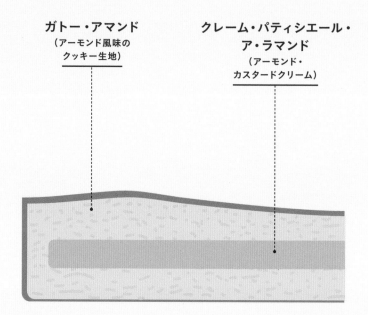

どんなお菓子？

サクサクした厚めのクッキー生地の中にト
ロリとしたカスタードクリームを入れて焼
いたバスク地方の郷土菓子です。アーモン
ド・カスタードクリームを使うとより風味豊
かに仕上がります。

製作時間

下準備：1時間30分
焼成：40分
冷蔵：6時間以上（12時間がベスト）
寝かせ：一晩

必要な道具

直径26cmのセルクル型
（底の抜けるタイプが扱いやすく好ましい）
スタンドミキサー
（ボウル、平面ビーター、ワイヤーホイップ）
麺棒

ヴァリエーション

アーモンド・カスタードクリームの代わり
に、市販のブラックチェリージャム450g
を使ってもよいでしょう。

基本テクニック

タルト台の準備（P.138）
バターをポマード状にする（P.139）

注意すべきポイント

生地の敷き込み
焼成

保存方法

ラップで包んで冷蔵で2週間保存できま
す。

アドバイス

調理場所が暑い場合は、生地をオーブ
ンシート2枚に挟んで伸ばし、型に敷く
まで冷蔵庫に入れておきましょう。
伸ばした生地を型の上に移す時は、麺
棒に巻き付けて行うと作業が容易です。

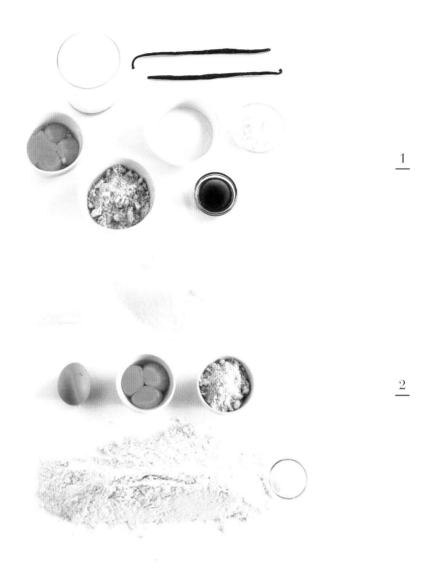

材料（8〜10人分）

1　クレーム・パティシエール・
ア・ラマンド

バニラビーンズ：2本
牛乳：250g
卵黄：50g（卵3〜4個）
グラニュー糖：60g
コーンスターチ：25g
バター：25g
アーモンドパウダー：40g
ラム酒：20g

2　ガトー・アマンド

バター：220g
グラニュー糖：200g
全卵：50g（卵1個）
卵黄：45g（卵3個）
アーモンドパウダー：30g
薄力粉：300 g
塩：2g

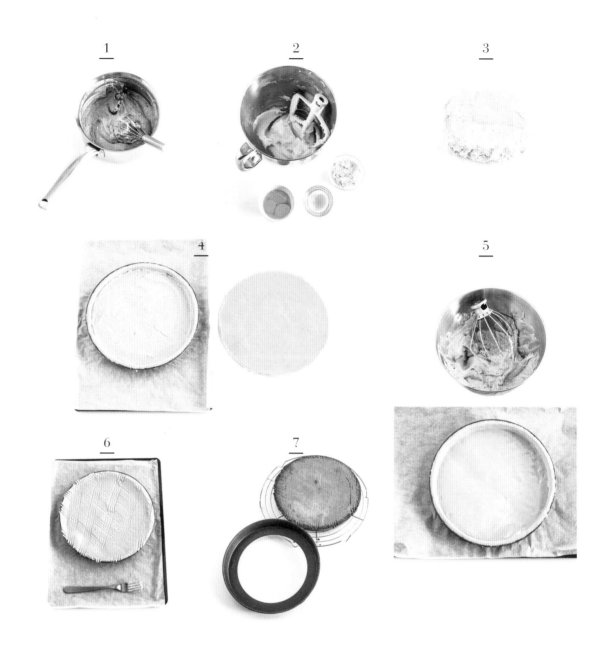

1 クレーム・パティシエール・ア・ラマンド
を作る(P.18参照)。

2 ガトー・アマンドを作る。平面ビー
ターを取り付けたスタンドミキサーのボウ
ルに、柔らかくしたバターを入れてポマー
ド状にする(P.139参照)。グラニュー糖を加
えて混ぜる。卵、卵黄、アーモンドパウダー
を加えて混ぜる。さらに、ふるい合わせた
薄力粉と塩を加えて混ぜる。

3 2をラップで包んで冷蔵庫に入れ、で
きれば一晩休ませる。

4 3のガトー・アマンドを型に敷く。生
地を1/3の量と2/3の量に2分割する。
生地は温めないように、麺棒で叩いて柔ら
かくする。小さな方の生地を麺棒で5mm
ほどの厚みに伸ばし、型の直径に合わせ
てカットし、冷蔵庫に入れておく。大きな
方の生地を麺棒で5mmほどの厚みに伸
ばし、内側にバターを塗った型の中に敷
き込み(P.138参照)、冷蔵庫に入れておく。
オーブンを190℃に温めておく。

5 ワイヤーホイップを取り付けたスタン
ドミキサーまたは泡立て器で1をしっかり
かく拌してなめらかにし、4で型に敷いた
生地の中に流す。

6 4で丸くカットした生地を5の上にか
ぶせ、縁を軽く押して下の生地と密着させ
る。フォークで表面に筋をつける。

7 オーブンで40分焼く。オーブンから
出して10分ほど待って型からはずし、金
網の上にのせて冷ます。食べる前に6時間
以上、できれば12時間休ませる。

PASTÉIS DE NATA

パステイス・デ・ナタ（エッグタルト）

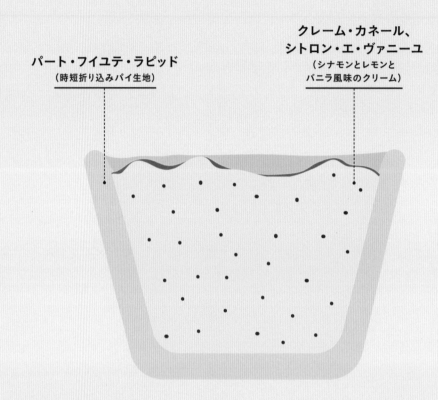

パート・フイユテ・ラピッド
（時短折り込みパイ生地）

クレーム・カネール、
シトロン・エ・ヴァニーユ
（シナモンとレモンと
バニラ風味のクリーム）

どんなお菓子？

パイ生地の中にシナモンとレモンとバニラ
で風味をつけたクリームを入れて焼いた、
小さなエッグタルト。名称はポルトガル語
です。

製作時間

下準備：3時間
焼成：30分
寝かせ：1時間～1時間30分
冷蔵：一晩

必要な道具

底の直径4cm・開口部の直径7cm・
深さ3cmのタルト型またはマフィン型
調理用温度計
刷毛

ヴァリエーション

シナモンの代わりにスターアニスを、レ
モンの代わりにオレンジを使ってもよい
でしょう。

基本テクニック

ラップでふたをする（P.138）

注意すべきポイント

パイ生地の作り方（折り込み、伸ばし）、
型への敷き込み、焼成

保存方法

冷蔵で3日保存できます。

アドバイス

余ったパイ生地は冷蔵庫で保存して、
他の用途に使えます。

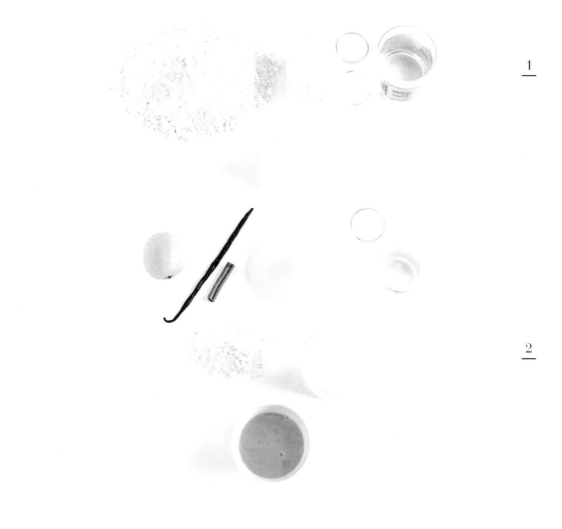

1

2

材料（14個分）

1 パート・フイユテ・ラピッド

デトランプ用

薄力粉：250g
強力粉：250g
塩：10g
バター：200g
水：260g
酢（ホワイトビネガーまたはワインビネガー）：10g

折り込み用

バター：200g

2 クレーム・カネール・シトロン・
エ・ヴァニーユ

水：125g
グラニュー糖：220g
塩：2g
バニラビーンズ：1本
シナモンスティック：1本
レモン：1個
薄力粉：35g
牛乳：260g
卵黄：90g（卵6個）

99

1　パート・フイユテ・ラピッドを作る（P.12参照）。

2　クリームを作る。まずシロップを作る。鍋に水、グラニュー糖、塩、縦半分に割って種をこそぎ取ったバニラビーンズのさやと種、シナモンスティック、剥いたレモン表皮を入れ、火にかけて沸騰させる。温度が105℃に達したら火を止めておく。

3　薄力粉をボウルに入れ、ダマにならないように、少しずつ牛乳を加えながら混ぜる。鍋に移し、混ぜながら火にかける。沸騰したら上から2のシロップを注ぎ、再び沸騰するまで混ぜ続ける。沸騰したら火を止める。卵黄を加えて手早く混ぜ、ラップでふたをして（P.138参照）、冷蔵庫に一晩入れる。

4　1を麺棒で30〜35cm×60〜70cmくらいの長方形に伸ばす。中央でカットして2枚の正方形にする。刷毛で表面に薄く水を塗り、端から巻いて2本の円筒状の生地を作る。ラップで包み冷凍庫に30分〜1時間入れて固める。型にポマード状にしたバターを塗っておく。

5　円筒状にした生地を取り出し、ナイフで5mm〜1cmの厚みの輪切りにする。厚みは使用する型の大きさに合わせて決

めること。親指で大まかに型の形を作ってから、型の中に入れて細部を仕上げる。側面は型の縁から5mmほど高くなるように整えること。冷凍庫に30分入れる。オーブンを240℃に温めておく。

6　3を型に流し、オーブンで15分ほど焼く。

7　一旦取り出し、型からはずして直接金網の上にのせ、オーブンに戻してさらに10〜15分焼く。パイ生地がこんがり焼けたらできあがり。完全に冷ます。

FLAN PÂTISSIER

フラン・パティシエール
(焼きプリンのタルト)

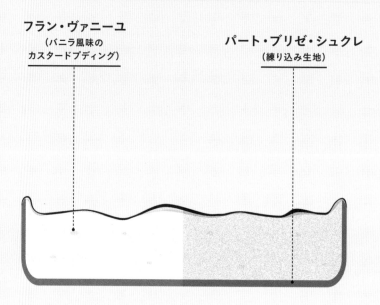

フラン・ヴァニーユ
(バニラ風味の
カスタードプディング)

パート・ブリゼ・シュクレ
(練り込み生地)

どんなお菓子?

練り込み生地の土台に、加熱調理したクリームを入れて焼いたタルトです。

製作時間

下準備：30分
焼成：45分〜1時間
冷蔵：3時間以上(完成後)
寝かせ：30分以上(一晩がベスト)(前日)
　　　　1時間(当日)

必要な道具

直径24cmのタルト型
麺棒

ヴァリエーション

フラン・エグゾティック(ココナッツ・フラン)：
牛乳400gの代わりにココナッツミルクを使います。最後に、冷やしたフランにすりおろしたココナッツの実50gをふりかけます。

基本テクニック

生地を伸ばす(アベセ P.138)
タルト台の準備(P.138)

保存方法

冷蔵で3〜4日保存できます。

材料（6〜8人分）

1 パート・ブリゼ・シュクレ

バター：100g
薄力粉：200g
水：50g
塩：1g
グラニュー糖：25g
卵黄：15g(卵1個)

2 フラン・ヴァニーユ

全卵：200g(4個)
グラニュー糖：200g
フランパウダー(カスタードパウダー)：60g
牛乳：800g
バニラビーンズ：1本

1 パート・ブリゼ・シュクレを作る（P.10参照）。前日に作っておくのがよい。生地を麺棒で2mmの厚みに伸ばし、オーブンシートを敷いた天板にのせる。冷蔵庫で30分以上、できれば一晩寝かせる。

2 型にバターを塗り、1の生地を敷き込む（P.138参照）。冷蔵庫に戻して1時間寝かせる。オーブンを180℃に温めておく。

3 フラン・ヴァニーユを作る。ボウルに卵とグラニュー糖を入れて、白っぽくなるまで混ぜる。フランパウダーを加えてさらに混ぜる。

4 鍋に牛乳とバニラビーンズの種を入れて、沸騰直前まで温める。その半量を3に混ぜながら加える。よくかき混ぜる。

5 4を残りの牛乳が入った鍋に戻す。再び火にかけ、鍋肌にくっつかないように泡立て器でしっかりかき混ぜながら、強火で加熱する。ふつふつと沸いてきて中身が鍋肌から軽く離れるようになったら火からおろす。

6 2の生地の中に5を流し、オーブンで45分〜1時間焼く。粗熱がとれてから、冷蔵庫に3時間以上入れる。

CLAFOUTIS MANGUE
& FRAMBOISE

クラフティ・マング・エ・フランボワーズ
（マンゴーとラズベリーのクラフティ）

アパレイユ・クレムー・
ア・ラ・ヴァニーユ
（バニラ風味のクリーミーな生地）

ラズベリー　　　　　　　　　　　　　マンゴー

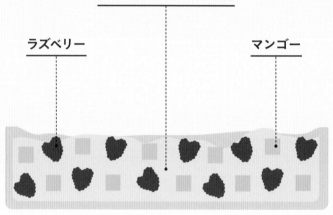

どんなお菓子？

ラズベリーとマンゴーが入ったクリーミーな
ケーキ。リムーザン地方の郷土菓子です。

製作時間

下準備：30分
焼成：1時間～1時間30分
寝かせ：一晩

必要な道具

直径24cm・高さ5cmのケーキ型
レードル（小）

ヴァリエーション

指定のフルーツの代わりに、チェリーや、
カットした洋ナシやリンゴなどを好みで
使ってもよいでしょう。

基本テクニック

型にオーブンシートを貼る（P.138）

保存方法

密閉容器に入れて冷蔵で5日、または
ラップでしっかり包んで冷凍で6カ月保
存できます。

アドバイス

生果が手に入らない時期は、冷凍を使って
も構いません。その場合は解凍せずに、焼
く前にそのまま生地に加えましょう。
生地を一晩冷蔵庫で寝かせると、中の気
泡が表面に浮かび上がってきます。これを
焼成前に取り除くと生地が膨らみすぎる
のを防げるので、焼き加減をコントロール
しやすくなります。
バニラビーンズの種を粉に直接入れると、
粒が離れて全体に分散しやすくなります。

材料 (12～15人分)

粉糖：140g
アーモンドパウダー：40g
薄力粉：75g
バニラビーンズ：2本
全卵：225g (卵4～5個)
生クリーム：750g
マンゴー：1～2個
ラズベリー：250g

1　ボウルに粉糖、アーモンドパウダー、薄力粉、バニラビーンズの種を入れて、泡立て器で混ぜる。

2　中央にくぼみを作り、卵を割り入れる。まず中央の卵からかき混ぜて、少しずつ周りの粉類を崩しながら、ダマにならないように混ぜていく。

3　生クリームを加えて混ぜ、ラップをかけて冷蔵庫に一晩入れる。

4　翌日、型にオーブンシートを貼る(P.138参照)。オーブンを160℃に温めておく。マンゴーの皮を剥き、1cmの角切りにする。

5　3を冷蔵庫から取り出し、小さなレードルを使って、表面に浮かんだ泡をすくい取る。全体を軽くかき混ぜて、底に粉が溜まらないようにする。

6　4の型に5を流し、角切りにしたマンゴーとラズベリーをランダムに加える。オーブンで1時間〜1時間30分焼く。型を叩いても中のクラフティが動かず、縁にきれいな焼き色がついていればできあがり。わずかに温かいくらいで提供するのが好ましいが、冷やしてもよい。

FAR BRETON

ファー・ブルトン

（プルーン入り堅焼きプリンケーキ）

アパレイユ・クレムー・
ア・ラ・ヴァニーユ
（バニラ風味のクリーミーな生地）

プルーン

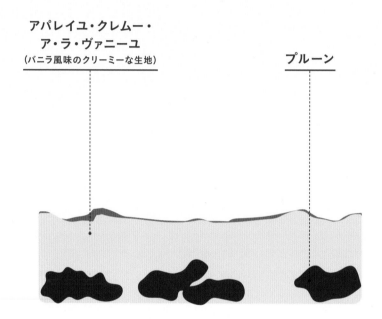

どんなお菓子？

プルーンを入れたクリーミーでしっかりした
食感のブルターニュ地方の郷土菓子です。

製作時間

下準備：45分
焼成：1時間～1時間30分
冷蔵：一晩

必要な道具

20cm×30cm×4cmの耐熱バット

ヴァリエーション

プルーンを入れないのが伝統的なレシ
ピです。

注意すべきポイント

材料の混ぜ方

保存方法

冷蔵で4～5日保存できます。

アドバイス

焼成時間は食感の好みで変わります。より
クリーミーな食感がよければ1時間、しっ
かりとした食感がよければ1時間30分焼
きましょう。

材料 (15〜16人分)

種なしプルーン：500g
ラム酒：50g
バニラビーンズ：1本
全卵：200g (卵4個)
グラニュー糖：190g
薄力粉：240g
牛乳：750g
バター：50g

1　できれば前日のうちに、プルーン、ラム酒、バニラビーンズの種を混ぜて、常温で休ませておく。

2　ボウルに卵とグラニュー糖を入れて泡立て器で混ぜる。

3　薄力粉を3回に分けて2に加えて混ぜる。1/3の量をボウルの片側に入れて、混ぜる。同じように1/3の量を加えて混ぜる。最後の量を加える時には、生地が重く、混ぜるのが難しくなっているはずなので、牛乳も一緒に少し加える。

4　残りの牛乳を少しずつ生地に加えながら、全体が均一になるまで混ぜる。

5　ポマード状にしたバターを耐熱バットの内側にたっぷりと塗り、1のプルーンを底に並べる。

6　オーブンを160℃に温めておく。プルーンの上に4を静かに流し、ペティナイフでバターを削って全体にちりばめる。オーブンで1時間〜1時間30分焼く。焼成時間は食感の好みで調整すること。冷めたら冷蔵庫に一晩入れる。

CHOCO-NOIX

クッキー・ショコ・ノワ

(チョコレートチップとクルミのクッキー)

パート・サブレ
(サブレ生地)

ショコラ・ノワール
(ブラックチョコレート)

砕いたクルミ

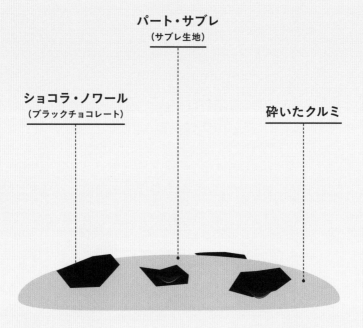

どんなお菓子？

チョコレートチップとクルミが入ったサブレ生地のクッキーです。

製作時間

下準備：15分
焼成：10分
寝かせ：2時間

必要な道具

スタンドミキサー (ボウル、平面ビーター)

ヴァリエーション

クルミの代わりに、マカデミアナッツを使ってもよいでしょう。

基本テクニック

バターをポマード状にする (P.139)

保存方法

容器に入れて常温で1週間。焼成前の円筒状にした生地は、ラップでしっかり包んで冷凍で3カ月保存できます。

材料（24個分）

タブレット状ブラックチョコレート
(カカオ66%)：100g
バター：120g
粉糖：60g
カソナード（ブラウンシュガー）：80g
全卵：100g（卵2個）
薄力粉：200g
ベーキングパウダー：2g
塩：1g
砕いた生クルミ：80g

1 タブレット状チョコレートをナイフで粗めに刻んでおく。平面ビーターを取り付けたスタンドミキサーのボウルにバターを入れてポマード状にする（P.139参照）。粉糖とカソナードを加えて低速で混ぜる。軽くかき混ぜた卵を加えて混ぜる。別のボウルで薄力粉、ベーキングパウダー、塩をふるい合わせ、半量を加えて混ぜる。生地が均一になったら、残りの半量を加え、チョコレートとクルミを加えて混ぜる。

2 1の生地を直径6cmほどの円筒状にしてラップで包み、冷蔵庫に2時間入れて固める。

3 オーブンを160℃に温めておく。2を1cmの厚みに輪切りにして、オーブンシートを敷いた天板に並べる。焼くと生地が広がるので、間隔を十分に空けること。

4 オーブンで10分ほど焼く。指で触れてみて、縁がしっかりと固くなり、中心がまだ柔らかい状態で取り出す。それ以上、火が通らないように、すぐにシートごと天板からはずし、常温で冷ます。

COOKIES CRANBERRIES
& MATCHA

クッキー・クランベリー・エ・マッチャ
（クランベリーと抹茶のクッキー）

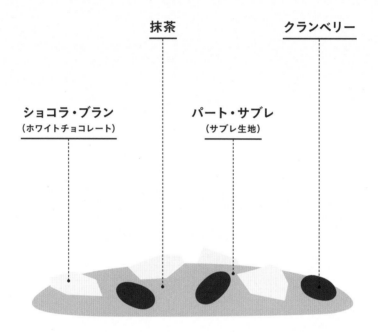

抹茶

クランベリー

ショコラ・ブラン
（ホワイトチョコレート）

パート・サブレ
（サブレ生地）

どんなお菓子？

ホワイトチョコレートチップとクランベリーが入った、抹茶風味のサブレ生地のクッキーです。

製作時間

下準備：15分
焼成：10〜12分
寝かせ：30分

必要な道具

スタンドミキサー（ボウル、平面ビーター）

ヴァリエーション

抹茶の代わりに、ピスタチオペースト15gをバターに混ぜてもよいでしょう。

基本テクニック

バターをポマード状にする（P.139）

注意すべきポイント

焼成方法

保存方法

容器に入れて常温で1週間。焼成前の生地は密閉容器に入れて冷凍で3カ月保存できます。

アドバイス

オーブンから出した時にクッキーの焼成が足りないように見えるかもしれませんが、冷める間に余熱で固まります。柔らかすぎる場合は、焼き時間を調整しましょう。
生地を冷凍保存する場合は、形を作ってオーブンシートを敷いた天板に間を空けて並べ、冷凍庫に6時間入れて凍らせてから密閉容器に移しましょう。焼く時には、凍ったままの状態で天板にのせ、オーブンで12〜15分焼きます。

材料（16個分）

バター：115g
粗糖（ベルジョワーズ）：120g
全卵：50g（卵1個）
薄力粉：200g
ベーキングパウダー：4g
塩：2g
抹茶：5g
ホワイトチョコレート：120g
クランベリー：50g

1　平面ビーターを取り付けたスタンドミ
キサーのボウルにバターを入れてポマード
状にする（P.139参照）。粗糖を加えて混ぜる。

2　卵を加えて混ぜる。薄力粉、ベーキン
グパウダー、塩、抹茶をふるい合わせたも
のを加えて混ぜる。

3　ホワイトチョコレートをナイフで粗め
に刻み、クランベリーと一緒に2に加えて
混ぜる。

4　3の生地を40gずつ取り、軽く丸めて
オーブンシートを敷いた天板に置き、上か
ら軽くつぶして平らにする。焼くと生地が
広がるので、間隔を十分に空けること。上
からオーブンシートをかぶせて、冷蔵庫に
30分入れる。

5　オーブンを160℃に温めておく。4を
入れて10〜12分焼く。取り出したら天板
にのせたまま10分ほど待ち、それから金
網の上に移して完全に冷ます。

MADELEINES

マドレーヌ

パータ・マドレーヌ
（マドレーヌ生地）

ブラックチョコレートの
コーティング

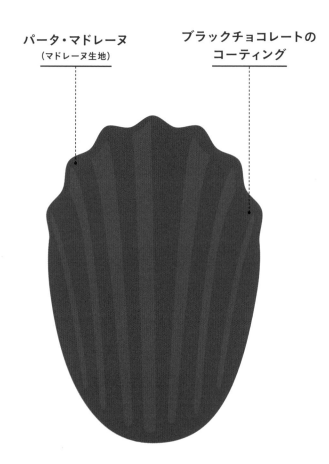

どんなお菓子？

柔らかくて、中心がぷっくりと膨らんだお菓子です。ブラックチョコレートでコーティングしています。

製作時間

下準備：45分
焼成：8〜15分
寝かせ：一晩（生地）
　　　　2時間以上（コーティング）

必要な道具

マドレーヌ型
スタンドミキサー（ボウル、ワイヤーホイップ）
絞り袋、調理用温度計

ヴァリエーション

すりおろしたレモンやオレンジの表皮を生地に加えて、香りをつけてもよいでしょう。コーティングにはミルクチョコレートやホワイトチョコレートを使っても構いません。

基本テクニック

バターをポマード状にする（P.139）
湯煎にかける（P.140）
生地を絞る（ポッシェ P.140）
絞り袋に生地を詰める（P.140）

注意すべきポイント

生地は冷蔵庫でしっかり寝かせましょう。

保存方法

容器に入れて冷蔵で1週間保存できます。

アドバイス

薄力粉とベーキングパウダーを加える時は、他の材料の粗熱がとれてからにしましょう。材料を混ぜている時にベーキングパウダーに高熱が加わると、焼成時の膨らみが悪くなります。

美しく仕上げるコツ

生地を流す前、バターを塗った型を冷凍庫に15分ほど入れておくと、焼成後にきれいにはずすことができます。

材料 (10〜12個分)

1 パータ・マドレーヌ

牛乳：25g
バニラビーンズ：1本
水あめ：25g
バター：50g
全卵：100g（卵2個）
グラニュー糖：75g
サラダ油：25g
薄力粉：125g
ベーキングパウダー：3g

2 コーティング

タブレット状ブラックチョコレート
（カカオ66%）：200g

1　牛乳、バニラビーンズのさやと種、水あめを鍋に入れて沸騰させ、火から下ろしてバニラビーンズのさやを取り出す。ポマード状にしたバターを加え、均一になるまでよく混ぜる。

2　ワイヤーホイップを取り付けたスタンドミキサーで卵とグラニュー糖を軽いムース状になるまで混ぜる。サラダ油、1、ふるい合わせた薄力粉とベーキングパウダーを順に加えて混ぜる。ラップをして翌日まで冷蔵庫に入れておく。

3　オーブンを210℃に温めておく。型に薄く、ポマード状にしたバターを塗る。2の生地を絞り袋に入れて、型の縁より5mm下の高さまで絞る。

4　オーブンに入れたらすぐに温度を180℃に下げて8〜15分焼く。マドレーヌの大きさによって焼成時間を調整すること。表面が淡い黄金色になったら取り出し、すぐに型からはずして金網にのせる。

5　4で使った型を布巾できれいに拭く。湯煎にかけて溶かして調温したチョコレートを絞り袋に入れ、型の2/3まで絞る。マドレーヌをその上に置き、チョコレートが型の縁まで上がってくるよう軽く押す。常温に2時間以上おいて固める。

MUFFINS
MYRTILLES

ムフィン・ミルティーユ
(ブルーベリーマフィン)

シュトロイゼル・アマンド
(アーモンド風味のそぼろ生地)

ブルーベリー

アパレイユ・ア・ムフィン
(マフィン生地)

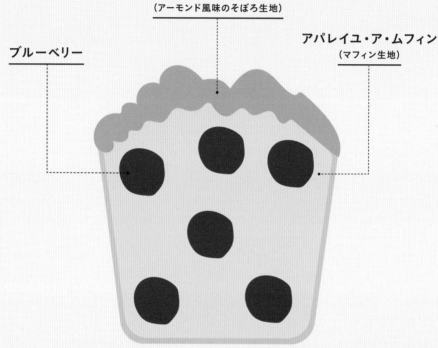

どんなお菓子？
ブルーベリーを加えた生地に、シュトロイゼルをのせて焼いたマフィンです。

製作時間
下準備：1時間
焼成：15〜20分

必要な道具
底の直径4cm・開口部の直径7cm・
深さ3cmのマフィン型
グラシンカップ
スタンドミキサー
(ボウル、ワイヤーホイップ)

ヴァリエーション
ブルーベリーの代わりに、ラズベリーを使ってもよいでしょう。

注意すべきポイント
シュトロイゼルの材料の混ぜ方
ブルーベリーと生地の混ぜ方

保存方法
密閉容器に入れて常温で3〜4日保存できます。

アドバイス
グラシンカップは生地を入れた時に開いてしまわないように、適切な型に入れて使いましょう。

材料（12〜15個分）

1　シュトロイゼル・アマンド

アーモンドパウダー：50g
薄力粉：50g
粗糖（ベルジョワーズ）：50g
バター：50g

2　アパレイユ・ア・ムフィン

バニラビーンズ：1本
グラニュー糖：170g
粗糖（ベルジョワーズ）：20g
全卵：50g（卵1個）
牛乳：180g
サラダ油：100g
薄力粉：280g
ベーキングパウダー：6g
ブルーベリー：250g

1 シュトロイゼル・アマンドを作る(P.14 参照)。

2 オーブンを200℃に温めておく。ワイヤーホイップを取り付けたスタンドミキサーのボウルに、バニラビーンズの種、グラニュー糖、粗糖、卵を入れて、低速で混ぜる。

3 さらに牛乳とサラダ油を加えて混ぜる。

4 薄力粉とベーキングパウダーをふるい合わせ、ダマにならないように、3に少しずつ加えて混ぜる。

5 ブルーベリーを加え、実をつぶさないように、ゴムべらを使ってそっと混ぜる。

6 大きなスプーンを使って5をグラシンカップの中に入れ、その上に1をのせる。オーブンで15〜20分焼く。オーブンから出して10分待ってから、金網の上に移して完全に冷ます。

TIGRÉS

ティグレ（トラ柄ケーキ）

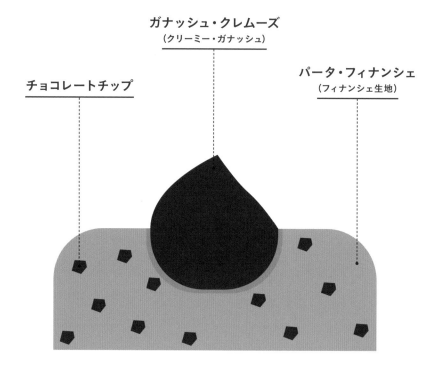

ガナッシュ・クレムーズ
（クリーミー・ガナッシュ）

チョコレートチップ

パータ・フィナンシェ
（フィナンシェ生地）

どんなお菓子？

アーモンドパウダーをベースにしたフィナンシェ生地にチョコレートチップを加えて焼き、クリーミー・ガナッシュをのせました。

製作時間

下準備：30分
焼成：20分
冷蔵：一晩
寝かせ：一晩

必要な道具

直径6cmのサバラン用シリコンモールド6個
へら
絞り袋

基本テクニック

ラップでふたをする（P.138）
焦がしバターを作る（P.139）
生地を絞る（ポッシェ P.140）
絞り袋に生地を詰める（P.140）

注意すべきポイント

焦がしバターの作り方

保存方法

容器に入れて冷蔵で1週間、または密閉容器に入れて冷凍で2〜3週間保存できます。

材料（6個分）

1 パータ・フィナンシェ

粉糖：120g
アーモンドパウダー：60g
薄力粉：40g
バター：100g
卵白：110g（卵4個）
ブラックチョコレートチップ：80g

2 ガナッシュ・クレムーズ

卵黄：25g（卵2個）
グラニュー糖：25g
牛乳：125g
ブラックチョコレート（カカオ60％以上）：
125g

1 ガナッシュ・クレムーズを作り（P.20参照）、ラップで表面にふたをして、翌日まで冷蔵庫に入れておく。パータ・フィナンシェを作る。粉糖、アーモンドパウダー、薄力粉をボウルに入れて混ぜる。焦がしバターを作り（P.139参照）、すぐにボウルに加えて混ぜる。

2 卵白をかく拌し、少しずつ1のパータ・フィナンシェに加えて混ぜる。常温で冷まし、チョコレートチップを加えて混ぜる。ラップで表面にふたをして（P.138参照）、翌日まで冷蔵庫に入れておく。

3 2の生地を、使用する30分前に冷蔵庫から出しておく。オーブンを170℃に温めておく。生地を絞り袋に入れてモールドに絞り（P.140参照）、淡い黄金色になるまでオーブンで20分焼く。粗熱がとれたらモールドからはずす。

4 1のガナッシュを絞り袋に入れ、3が完全に冷めてから中心の穴に絞る。

FINANCIERS

フィナンシェ

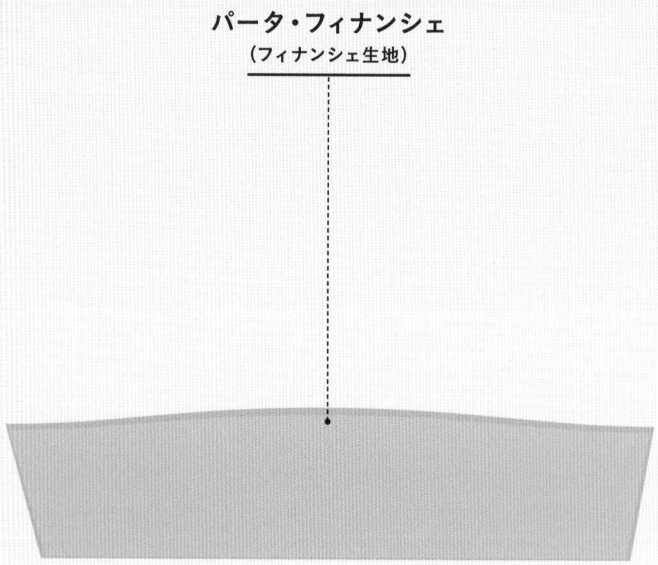

パータ・フィナンシェ
（フィナンシェ生地）

どんなお菓子？

アーモンドパウダーをベースにした小さなケーキです。

製作時間

下準備：30分
焼成：8〜12分
寝かせ：一晩

必要な道具

フィナンシェ型
絞り袋

ヴァリエーション

ピスタチオペースト20gを生地に混ぜ込み、焼く直前にラズベリーをトッピングします。

基本テクニック

ラップでふたをする（P.138）
焦がしバターを作る（P.139）
生地を絞る（ポッシェ P.140）
絞り袋に生地を詰める（P.140）

注意すべきポイント

焦がしバターを作る時、必要以上に焦がさないようにしましょう。

保存方法

個別にラップで包み、常温で1週間保存できます。

アドバイス

できあがった焦がしバターをすくう時に、鍋底を擦らないようにしましょう。

材料 (18〜20個分)

バター：150g
粉糖：180g
薄力粉：60 g
アーモンドパウダー：90g
卵白：165g (卵5〜6個)

1　焦がしバターを作る（P.139参照）。後で生地と混ぜた時に卵白が固まらないように、ボウルに移して粗熱をとっておく。

2　粉糖と薄力粉をふるい合わせ、さらにアーモンドパウダーも加える。

3　卵白を2に少しずつ加えて、ダマにならないように混ぜる。生地は泡立てないこと。全体が均一になったら1を加えて混ぜる。

4　ラップでふたをし（P.138参照）、冷蔵庫に一晩入れる。

5　型に、ポマード状にしたバターを塗る。オーブンを210℃に温めておく。

6　4の生地は使用する30分前に冷蔵庫から出しておく。絞り袋に詰めて、型の縁より2〜3mm下の高さまで絞る。オーブンで8〜12分焼く。すぐに型からはずして金網にのせる。

TUILES

チュイル

ビスキュイ・クロッカン・
ア・ラ・フェーブ・トンカ
(トンカ豆風味のパリパリした
ビスケット生地)

スライスアーモンド

どんなお菓子？

「瓦」という意味の薄くてパリパリした
クッキーです。スライスアーモンドベース
の生地にトンカ豆で風味をつけました。

製作時間

下準備：30分
焼成：8分
寝かせ：一晩

必要な道具

麺棒
目の細かいおろし器
L字型パレットナイフ

ヴァリエーション

トンカ豆を加えなければ、伝統的なチュイ
ルになります。

基本テクニック

ラップでふたをする(P.138)

注意すべきポイント

アーモンドの混ぜ方

保存方法

容器に入れて常温で1週間保存できます。

アドバイス

オーブンシートやシリコンシートを敷いた
天板でも焼けますが、その場合、パリパリ
した食感は少し損なわれます。
2巡目からの焼成は、天板をきれいに洗い、
完全に冷ましてからバターを塗りましょう。

1

2

3

4

5

材料（約20枚分）

グラニュー糖：125g
薄力粉：50g
全卵：50g（卵1個）
卵白：45g（卵1〜2個）
バター：40g
トンカ豆：1〜2個
スライスアーモンド：150g

1 グラニュー糖と薄力粉を混ぜる。そこに卵と卵白を加えて混ぜる。さらに、あらかじめ溶かして粗熱をとっておいたバターを加えて混ぜる。

2 目の細かいおろし器でトンカ豆をすりおろし、1に加えて混ぜる。

3 スライスアーモンドを加え、割らないようにゴムべらでそっと混ぜ合わせる。ラップでふたをし（P.138参照）、冷蔵庫に一晩入れる。

4 オーブンを220℃に温めておく。フッ素樹脂加工の天板にポマード状にしたバターを塗る。小さじで3をすくって天板にのせ、水に浸けたフォークの背で上から優しく伸ばす。

5 オーブンで8分焼く。オーブンから出して1分待ってから、L字型パレットナイフを使って生地を麺棒の上にのせてカーブをつける。そのままの状態で完全に冷ます。残りの生地も同じようにして焼く。

LANGUES-
DE-CHAT

ラング・ド・シャ

ビスキュイ・クロッカン
（サクッとしたビスケット生地）

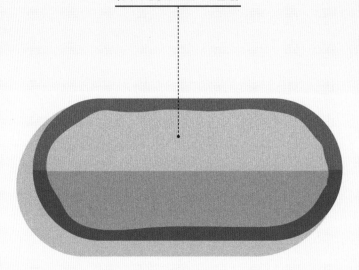

どんなお菓子？

「猫の舌」という意味のサクサクとした
クッキーです。

製作時間

下準備：10分
焼成：10分

必要な道具

絞り袋
8mmの丸口金

ヴァリエーション

ラング・ド・シャ・オー・ザマンド：
オーブンに入れる前に、生地の上にスライ
スアーモンドをのせます。
ラング・ド・シャ・ア・ラ・ヴァニーユ：
生地にバニラエッセンス5gを追加します。

基本テクニック

バターをポマード状にする（P.139）
バターをクリーム状にする（P.139）
生地を絞る（ポッシェ P.140）
絞り袋に生地を詰める（P.140）

注意すべきポイント

焼成方法

保存方法

容器に入れて常温で1週間保存できます。

材料（約30枚分）

バター：60g
グラニュー糖：30g
全卵：50g（卵1個）
薄力粉：60g

1　オーブンを190℃に温めておく。ボウルにポマード状にしたバター（P.139参照）とグラニュー糖を入れて、ゴムべらでしっかり混ぜてクリーム状にする（P.139参照）。

2　卵を加えて混ぜる。さらに薄力粉を加えて、全体が均一になるまで混ぜる。

3　天板にオーブンシートを敷く。口金をつけた絞り袋に2を詰め、十分な間隔を空けて長さ5cmの棒状に絞り出す（P.140参照）。オーブンで10分ほど焼く。縁に焼き色がつき、中心部もほんのり黄金色になったら取り出す。すぐにシートから剥がし、金網の上にのせて冷ます。

CIGARETTES
RUSSES

シガレット・リュス（ロシア風シガレットクッキー）

ビスキュイ・クロッカン
（サクッとしたビスケット生地）

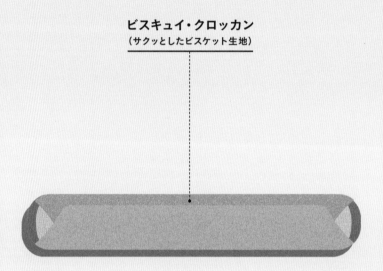

どんなお菓子？

タバコのようにクルクル巻いて棒状にしたクッキーです。デザートのお供に。

製作時間

下準備：20分
焼成：8〜10分
寝かせ：3時間〜一晩

必要な道具

L字型パレットナイフ
箸などの細い棒

注意すべきポイント

縁にきれいな焼き色がつくように焼きましょう。

基本テクニック

ラップでふたをする（P.138）
焦がしバターを作る（P.139）

保存方法

容器に入れて常温で1週間保存できます。

ヴァリエーション

クリーム入りシガレット：ガナッシュ・クレムーズ（P.20参照）を中に詰めます。クッキーがすぐに湿気るので、早めに頂きます。

焼成前に生地を冷蔵庫で寝かせるのはなぜ？

しっかり冷やすと、焼成時に生地が広がりすぎず、焼き上がった後も、生地が柔らかく、巻きやすくなります。

材料（約20個分）

粉糖：50g
薄力粉：50g
バター：50g
卵白：50g（卵1〜2個）

1 ボウルに粉糖と薄力粉を入れて混ぜる。焦がしバターを作り（P.139参照）、すぐに加えてゴムべらで混ぜる。

2 卵白を少しずつ加えて混ぜる。ラップでふたをして（P.138参照）冷蔵庫に入れる。最低3時間、できれば翌日まで寝かせる。

3 オーブンを200℃に温めておく。天板にオーブンシートを敷く。スプーン1杯分の生地を落とし、直径約8cmの円形状にL字型パレットナイフで薄く伸ばす（型枠を使ってもよい）。焼成中に重ならないように、間隔を十分に空けること（1枚の天板に4〜6枚まで）。オーブンで8〜10分ほど焼く。縁に焼き色がつき、中心部もほんのり黄金色になったら取り出す。

4 オーブンから取り出したら、すぐに箸などに巻き付けて棒状にする。残りの生地も同じように焼く。

ANNEXES

第 3 章
用語解説

USTENSILES／道具

1 泡立て器、へら(ゴムべら)、
カード(ドレッジ)

2 深型角バット

3 ミキサー

4 ボウル、鍋、ラップ

5 調理用温度計

6 シノワ(スープ・ソース用こし器)、
こし器

7 刷毛、L字型パレットナイフ、麺棒

8 絞り袋、口金

9 おろし器(マイクロプレイン社の
フードグレーターなど)

USTENSILES／道具

10 スタンドミキサー、専用ボウル、
ヘッド（ドゥフック、平面ビーター、
ワイヤーホイップ）

11 セルクル型

12 マンケ型

13 パウンドケーキ型、フィナンシェ型、
底取式ケーキ型、クグロフ型、マドレーヌ
型、サバラン用シリコンモールド

14 グラシンカップ

15 角セルクル型（カードル）

ASTUCES PÂTE／生地（パート）の扱い方

1　打ち粉をする（フルレ）

小麦粉（薄力粉または強力粉）を台に薄くふり、生地がくっつかないようにする。打ち粉が多すぎると、生地の組成が変わってしまうので注意する。

2　生地を押し伸ばす（フレゼ）

全体に均一に混ざっているか確認するために、生地を手のひらで押し伸ばす。1〜2回だけ行う。

3　生地を伸ばす（アベセ）

麺棒で生地を伸ばす。生地の左右に箸を一本ずつ置き、その高さに沿って麺棒を転がすと、生地を均等な厚みに伸ばすことができる。

4　生地を砂状にする（サブレ）

台の上に広げた小麦粉の中に、小さく角切りにした冷たいバターを入れる。まずは指先だけ使って混ぜ、それから両手ですり合わせて砂状にする。

5　生地のガス抜きを行う（ロンプル）

発酵後、炭酸ガスを抜くために、生地を手で軽く押す。

6　ラップでふたをする

ボウルなどに入れた生地の表面にラップをしっかりと密着させ、固まったり乾いたりしないように、空気に触れさせないようにする。

7　タルト台の準備

フォンセ：生地を敷き込む。伸ばした生地を麺棒に巻き取り、内側にバターを塗った型の上にそっとのせ、余分な生地をカットする。一方の手で生地の縁を持ち上げて、型の高さに合わせた側面を作る。もう一方の手でその側面を型に慎重に沿わせていき、底と側面が直角になるように敷き込む。親指で縁を軽く押して型に密着させる。

ピケ：生地全体に小さな穴を開ける。

レステ：型の直径に合わせてカットしたオーブンシートを生地の上に敷き、重石をのせる。

8　型にオーブンシートを貼る

型の内側には、ポマード状にしたバターを薄く塗っておく。

長方形または角形：型の底と側面の高さを測りオーブンシートに転記する。2cmの余白を足してシートを長方形にカットする。型底の線に合わせてシートを折る。角に当たる部分4カ所（側面の長い方）に底まで切れ込みを入れ、組み立てて型に入れる。

丸形：底面の円をオーブンシートに転記する。外側に、側面の高さより少し大きく2つめの円を描いてシートをカットする。小さな円に沿って、側面はプリーツを作りながらシートを折り、型に入れる。

BASIQUES／基本テクニック

1 ナッツをローストする

オーブンを170℃に温めておく。オーブンシートを敷いた天板の上にナッツを並べ、15〜20分オーブンに入れる。

2 焦がしバターを作る

バターを鍋に入れて弱火にかける。パチパチという音がしなくなり、ヘーゼルナッツのような茶色になるまで加熱する。バターに含まれるカゼインというタンパク質の作用によって色が変わり、香ばしさがもたらされる。

3 バターをポマード状にする

小さくカットしたバターをボウルに入れ、常温で1〜2時間おいて柔らかくしてから、しっかり混ぜてなめらかな「ポマード」状にする。

4 澄ましバターを作る

バター100gを鍋に入れ、火にかけて溶かす。火から下ろして、そのままゆっくり冷ますと、底に「乳漿」と呼ばれる白い液体が溜まるので、レードルで上澄みのバターをすくい取る。75g分の澄ましバターが回収できる(ロスは通常約18%)。カゼインと乳漿が取り除かれるため、保存可能期間が長くなり、高温での調理が可能になる。

5 バターをクリーム状にする(クレメ)

ポマード状にしたバターと砂糖を、泡立て器でしっかり混ぜてクリーム状にする。

6 卵黄を白っぽくなるまで泡立てる

卵黄に砂糖を加えたものを泡立て器で混ぜてムース状にする。量が2倍になり白っぽくなるまで続ける。量が多い場合は電動ハンドミキサーを使うと時間を短縮できる。

7 シロップを打つ

シロップを刷毛に取り、軽く叩くようにして生地に塗る。びしょびしょにならない程度にたっぷり染み込ませる。指で生地を押すと、シロップが表面に浮き上がってくるくらいが目安。

8 生クリームを泡立てる(クレーム・モンテ)

生クリームは、乳脂肪分30%以上のものを使う。あるいは、クリームの約15%の分量のマスカルポーネチーズを加えてもよい。生クリーム、ボウル、泡立て器は、いずれも30分以上冷蔵庫に入れて冷やしておく。クリームがふんわりして2倍の量になるまで、泡立て器でしっかりとかき混ぜる。固めに仕上げる場合、泡立て器を大きく動かしながら、濃密でなめらかで、もったりするまでさらにかき混ぜる。

BASIQUES／基本テクニック

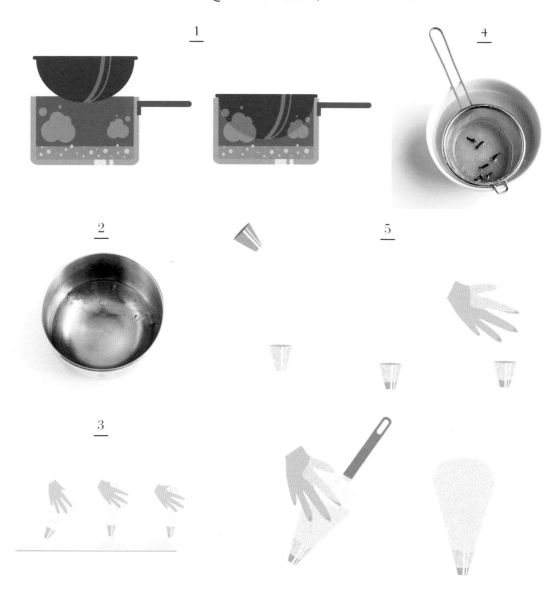

1 湯煎にかける

鍋とボウルを用意する。ボウルは、鍋に重ねることができて底が湯に触れない、鍋よりやや大きめのサイズにする。鍋に水を入れて火にかけ、沸騰しない程度に加熱する。チョコレートを湯煎にかける時は、刻むか小さくカットしたチョコレートをボウルに入れて鍋に重ね、熱い蒸気で溶かす。

2 ゼラチンを戻す

板ゼラチンを冷水に入れ、15分間浸して柔らかくなるまで戻す。両手で押さえて水気を切ってから、材料に加えて混ぜる。固まるのがわりと早いので、混ぜ合わせたらすぐに使うのが好ましい。もし固まってしまったら、泡立て器でかく拌してなめらかにしてから使う。

3 生地を絞る（ポッシェ）

絞り袋の持ち方は、生地を円形やドーム型に絞り出す時は台に対して垂直に、棒状に絞る時は斜めに傾けて構える。一方の手で袋の下部を支えて動かし、もう一方の手で袋の上部を握って生地を押し出す。生地が少なくなったら先端のほうに落とし、1/4ほど袋をねじる。

4 シノワでこす

液体をシノワ（またはこし器）でこし、余分な固形物や大きすぎる材料を取り除く。

5 絞り袋に生地を詰める

使用する口金を絞り袋に入れて先端に押し込む。正しい位置に置き、袋の先端を切り取る位置を決めたら（印をつけてもよい）、口金を上にずらしてハサミでカットする。口金を先端に戻し、そのすぐ上で袋をねじり、口金の中に押し込んでおく。こうしておけば、生地を袋に入れている間に漏れない。袋を片手で持ち、袋の口を手の上にかぶせるようにして折り返す。ゴムべらで生地をすくい袋に詰める。できるだけ空気が入らないように、袋を持った手でゴムベラに取った生地を外側からこそげ取りながら詰めていく。袋から生地が溢れないように、詰める量は袋の2/3までとする。折り返していた袋の口を元に戻し、1/4ほどねじって生地を下に落とす。口金を引っ張り、先ほどねじっておいた部分を元に戻したら、さらに袋をねじって生地を口金まで落とす。

BASIQUES／基本テクニック

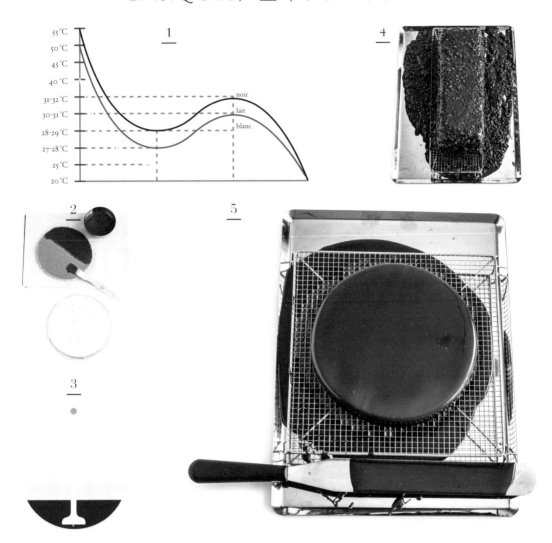

1 結晶化／調温 (テンパリング)

チョコレートの結晶化とは、チョコレートに含まれる脂肪分 (ココアバター) が液体から固体に変化する過程を言う。チョコレートは固まると、脂肪分子が複雑にからみ合う結晶構造が作られることで強固になる。ココアバターを主に構成するトリアシルグリセロールという脂肪分子は、結晶化する時の温度によって、6種類の異なる結晶構造を形成する。それぞれ融点が異なり安定性にも差があるが、つややかで口どけのよいおいしいチョコレートを作るには、もっとも安定しているⅤ型の結晶構造を形成しなくてはいけない。そのために必要なのが調温と呼ばれる作業である。チョコレートを湯煎にかけて溶かす→一旦、温度を下げて結晶化させる→再度温度を上げてⅤ型のみ結晶化させる作業を行う。全体の温度が均一になるように、この作業は時々混ぜながら行うこと。

調温のための温度変化 (グラフ参照のこと)
ブラックチョコレート　融解させる温度：55〜58℃／結晶化させる温度：28〜29℃／作業時の温度：31〜32℃
ミルクチョコレート　融解させる温度：50〜53℃／結晶化させる温度：27〜28℃／作業時の温度：30〜31℃
ホワイトチョコレート　融解させる温度：40〜43℃／結晶化させる温度：25℃／作業時の温度：28〜29℃

2 シャブロネする

生地の底面に溶かしたチョコレートを薄く塗ると、乾燥して固まり、紙などにくっつかなくなる。一般的な製菓用チョコレートを使用する。湯煎で溶かして生地の上に流し、パレットナイフなどでごく薄く伸ばし、固まるまで待つ。刷毛で塗ってもよい。ケーキを組み立てる時に、チョコレートの面が底になるようにオーブンシートの上に置く。

3 空気を入れずにかく拌する

ハンドブレンダーのスイッチをオフにしたまま先端をそっとボウルの底に沈める。軽く動かして羽根の間に入り混んだ空気を外に追い出す。スイッチを入れて、回したり揺らしたりせずにかく拌する。

4 ケーキ全体を覆う

天板の上に金網を置き、その上にケーキをのせて、グラサージュを端から端までゆっくりとかける。数分待ってから、早く固まるように室温の低い場所に置く。

5 グラサージュをかける

天板の上に金網を置き、その上にお菓子をのせて、グラサージュを上から注ぐ。パレットナイフなどで表面をさっとなでて、きれいに整えるか、余分を取り除く。

レシピ一覧

材料索引

レシピ＆解説／メラニー・デュピュイ

パリで人気の料理教室、『アトリエ・デ・サンス』で、ジャン-
バティスト・チボーとともに、お菓子のレッスンを担当する
講師。ラグジュアリーホテルでパティシエールとしてデビュー
し、ミシュラン一つ星のレストラン、『エレーヌ・ダローズ』で、
ブノワ・カステルに師事。コスト兄弟が経営するグループや、
ノマド、リュブレ・トレトゥール、エディアールなどの老舗の
ケータリング・レストランでデザートを担当した経歴を持つ。
製菓の技術と魅力を伝授するために、日々活動している。
著書に『美しいフランス菓子の教科書』『美しいタルトの教
科書』『美しいチョコレート菓子の教科書』『美しいシュー菓
子の教科書』(すべて小社刊)がある。

翻訳／三本松里佳
（さんぼんまつりか）

フランス語・英語翻訳者。カナダ・ケベック大学トロワ・リビ
エール校仏語学科卒業。訳書に『シグネチャー・ディッシュ
──食を変えた240皿』(共訳、KADOKAWA)、『病院は劇
場だ──生と死を見つめた研修医の7日間』(早川書房)、『美
しいシュー菓子の教科書』(小社刊)がある。

主な参考文献

『使える製菓のフランス語辞典』
辻製菓専門学〈監修〉、小阪ひろみ、山崎正也〈著〉(柴田書店)

『よくわかるお菓子づくり基礎の基礎』
エコールキュリネール国立〈著〉(柴田書店)

『プロのためのわかりやすいフランス菓子』
川北末一〈著〉(柴田書店)

『ル・コルドン・ブルーのフランス菓子基礎ノート──サブリナを夢みて〈2〉』
ル・コルドン・ブルー東京校〈著〉(文化出版局)

美しい焼き菓子の教科書

2022年10月10日　初版第1刷発行

レシピ＆解説：メラニー・デュピュイ
写真：ピエール・ジャヴェル
絵：ヤニス・ヴァルツィコス
技術説明：アンヌ・カゾール
スタイリング：オラタイ・スクシサヴァン
翻訳：三本松里佳
翻訳協力：株式会社リベル
制作協力：原田真由美
校正：株式会社 鴎来堂
デザイン・DTP：小松洋子
日本語版編集：長谷川卓美
発行人：三芳寛要

発行元：株式会社パイ インターナショナル
〒170-0005 東京都豊島区南大塚2-32-4
TEL 03-3944-3981 FAX 03-5395-4830
sales@pie.co.jp

印刷・製本：シナノ印刷株式会社

©2022 PIE International
ISBN 978-4-7562-5632-4 C0077
Printed in Japan